捜査研究 臨時増刊号

JN101177

判例から学ぶ

捜査手続の実務V

通常逮捕・緊急逮捕

修士(法学)・元栃木県警察学校長

細谷　芳明　著

（駒澤大学法科大学院在籍）

東京法令出版

発刊にあたって

　本書「判例から学ぶ捜査手続の実務Ⅴ（通常逮捕・緊急逮捕）」の企画方針は、広く地域警察官をはじめ、犯罪捜査に携わっている捜査員等（交通事故等捜査担当者や特別法違反等捜査担当者を含む。また、海上保安官や麻薬取締官等の特別司法警察職員の方々）、さらには、大学において刑事訴訟法履修のゼミ学生、可能であるならば法曹実務家・研究者をも含めた需要に対応できるもの、というご要望でありました。

　表題に「判例から学ぶ」を冠しているため、事案の概要とともに、「判決」や「決定」原文について、労をいとわず忠実に紹介し、濃淡をつけつつ解説・評価するとともに、捜査実務に対するアドバイスも随時、加筆することにしました。

　「人体にたとえると、判決が示す抽象命題は、いわば『骨格』である。骨格に血肉（「色」または「生命」といってもよい）を与えるのは、当該判決が基礎とする具体的な事実に他ならない。事実を丁寧にみることの重要性は、実務家要請のための法科大学院教育の発足以来、一貫して強調されている」（石田剛ほか『民法Ⅱ物権』初版はしがき・有斐閣）」との指摘は、とりわけ、捜査現場において「生の事実」を踏まえて、擬律判断する捜査活動にも、同様に通底するものであります。

　そこで、通常逮捕・緊急逮捕に関する多くの判例・裁判例（以下、含めて「判例」という。）について、たとえ昭和20年代や30年代の判例であっても広く渉猟することとしました（ここで確認されたことは、例えば、通常逮捕状の緊急執行に係る一連の判例は、この年代において、既にその解釈が確立して以来、実務上の指針となっているという事実であった。）。

　さらに、本書において、「緊急逮捕の本質（性格）」にも、言及することとしました。

　通常逮捕における緊急執行の場合と異なり、緊急逮捕状の発付後に被疑者に対する当該令状の呈示義務規定、あるいは準用規定も設けられていないが、どのような理由で設けられなかったのか、当該令状発付後の呈示義務規定の欠缺（被疑者が捜査員から特定の罪を犯したことを疑うに足りる充分な理由があり急速を要し、裁判官の令状を求めることができない旨告げられ逮捕されたが、当該令状の呈示義務規定がないため、被疑者にとって逮捕状の存在は不知となる。）は、緊急逮捕の本質（性格）の理解に直接連なるものではな

いかとの考えからであります。もっとも、実務上、呈示義務規定が存しなくとも当該令状発付後は、速やかに被疑者に呈示しています。

　仮に、緊急逮捕が、事後とはいえ逮捕に接着した時期において逮捕状が発せられる限り、逮捕手続としては全体として逮捕状（令状）によるものと評価できるとの理解に立てば、通常逮捕における緊急執行との均衡上、当然、呈示義務規定が設けられてしかるべきではないかといえるからです。

　そこで、緊急逮捕は憲法33条の趣旨に反するものではない、とした昭和30年最高裁大法廷判決を踏まえ、この点に関する文献（学説）等に接することができないため、思索しました。

　本書は、主に犯罪捜査に携わっている多くの方々が手軽にご利用いただけるよう、分量を押さえつつも、必要な情報量に充分配慮しつつ、編んだものです。

　今後の研究に資するため、本書についてのご意見をお寄せいただければ、幸甚に思います。

　本書の執筆に際して、専修大学大学院法学研究科（刑事訴訟法専攻）での指導教授である滝沢誠先生（現・中央大学法科大学院教授）には、引き続き判例研究会を通じてご指導を賜り、その学恩に深く感謝申し上げます。

　そして、駒澤大学法科大学院に在学中にもかかわらず、本書の執筆に当たり、特段のご配慮（後期休学）をいただきました、私の担任である松本英俊先生（刑事訴訟法担当教授）、法曹養成研究科長の青野博之先生（民法担当教授）には、ここに改めて深く御礼を申し上げます。

　また、『捜査研究』編集部の皆様には、本書の刊行を強くお薦めいただき、発刊にご尽力いただきましたことに対し、厚く御礼申し上げます。

　令和5年4月

　　　　　　　　　　　　　　　　　　　　　　　　　　　細谷　芳明

CONTENTS

捜査研究臨時増刊号

判例から学ぶ捜査手続の実務　V

―通常逮捕、緊急逮捕―

🔗 通常逮捕 🔗

して、本件について逮捕・勾留して取り調べるのと同様な効果を得ることを狙いとしたものとはいえない。

○ 大阪高裁昭和59年4月19日判決・高刑集37巻1号98頁（いわゆる神戸

別件（甲事実）による逮捕・勾留中の本件（乙事実）についての取調べが、別件の逮捕・勾留に名を借りて、その身柄拘束を利用し、本件について取調べを行うものであって、実質的に令状主義の原則を潜脱するものであるか否かは、それが両事実の罪質及び態様の相違、法定刑の軽重、捜査の重点の置き方の違い、乙事実についての客観的な証拠の程度、甲事実についての身柄拘束の必要性の程度、両事実の関連性の有無及び程度、両事実についての密接関連性があるか否か、取調官の主観的意図等に照らして、具体的状況を総合判断し、本件事案をあてはめると、本件殺人の事実に対する取調べは、令状主義を潜脱するものであって違法で許容されない。

○ 浦和地裁平成2年10月12日判決・判例時報1376号24頁

重大な「本件」（現住建造物等放火罪、以下同じ。）について被疑者を逮捕・勾留する理由と必要性が十分でないのに、主として「本件」について取り調べる目的で、「本件」が存在しなければ通常立件されることがないと思われる軽微な「別件」（不法残留罪）につき被疑者を逮捕・勾留する場合は、違法な別件逮捕・勾留として許されない、として自白調書の証拠能力を否定した。

○ 東京地裁平成12年11月13日決定・判例タイムズ1067号283頁

本件の勾留期間延長後は、「別件」（旅券不携帯の罪）による勾留としての実体を失い、実質上、「本件」（強盗致傷罪）を取り調べるための身体拘束となったとみるほかはないから、その間の身体拘束は、令状によらない違法な身体拘束となったものであり、その間に行われた取調べも、違法な身柄拘束状態を利用して行われたものとして違法というべきである。

❸ 同一事件での再逮捕・再勾留

1 東京地裁昭和47年4月4日決定・刑事裁判月報4巻4号891頁

刑訴法199条3項は、再逮捕が許される場合のあることを前提にしており、現行法上再勾留を禁止した規定はなく、また、逮捕と勾留は相互に密接不可分の関係にあることに鑑みると、同一被疑事実につき被疑者を再度勾留することも例外的に許されるものと解される。いかなる場合に再勾留が許されるかは、先行の勾

留期間の長短、その期間中の捜査経過、身柄釈放後の事情変更の内容、事案の軽重、検察官の意図その他の諸般の事情を考慮し、社会通念上捜査機関に強制捜査を断念させることが首肯し難く、また、身柄拘束の不当な蒸し返しでないと認められる場合に限るべきである。

同一の被疑事実によって被疑者を再度にわたり逮捕することも、相当の理由がある場合には許されるとして、捜査主体の変更、新たな捜査主体と被疑者の居住地との地理関係、第一次逮捕後の日時の経過、捜査の進展に伴う被疑事実の部分的変更、逮捕の必要性等の諸点から相当の理由がある。

出頭の求めに素直に応じた被疑者の周囲に捜査員 3 名が寄り添って看視し、いつでも携行の逮捕状により逮捕できる態勢の下に車両で警察署に連行したことは、その後の取調べ状況等にも照らすと、実質的にみて、有形力の行使と同視すべき無形的方法による身体拘束状態の連行で、その際逮捕がなされたものといえる。

自宅から警察署に同行される際には物理的な強制は加えられていないが、同行後の警察署における取調べは午前 8 時頃から翌日の午前零時過ぎ頃までの長時間にわたり事実上の監視付きで断続的に続けられ、しかも夜間に入っても帰宅の意思を確認したり、退室や外部との連絡の機会を与えていない場合、このような取調べは、仮に被疑者から帰宅等につき明示の申出がなかったとしても、ほかに特段の事情が認められない限り、任意の取調べとはいえず、少なくとも夕食時である午後 7 時以降の取調べは、実質的には逮捕状によらない違法な逮捕状態でなされたものである。

任意捜査の一環としての被疑者に対する取調べは、強制手段によることができないというだけでなく、さらに、事案の性質、被疑者に対する容疑の程度、被疑者の態度等諸般の事情を勘案して、社会通念上相当と認められる方法ないし態様及び限度において、許容されるものと解すべきである。

殺人事件の被疑者に帰宅できない特段の事情もないのに、四夜にわたり捜査官の手配した所轄警察署近辺のホテル等に宿泊させ、捜査官が同宿するなどした上、

連日、警察の自動車で同署に出頭させ、午前中から深夜まで長時間取調べをしたことは、任意取調べの方法として必ずしも妥当ではないが、同人が右のような宿泊を伴う取調べに応じており、事案の性質上、速やかに同人から詳細な事情及び弁解を聴取する必要があるなど本件の具体的状況の下では、社会通念上やむを得なかったものというべく、任意捜査として許容される限界を超えた違法なものであったとまでは断じ難いというべきである。

労働争議に関し発生した建造物損壊被疑事件の被疑者に対し、逮捕状が発せられたので、甲、乙両巡査を含む司法巡査5名が会社工場内外附近各所において被疑者が工場を出てくるのを待って、逮捕状を執行すべく待機中、自転車で工場から出てきた被疑者を甲、乙両巡査が発見したが、逮捕状の所持者と連絡してこれを同人に示す時間的余裕がなかったので、逮捕状が発せられている旨を告げて逮捕しようとした当時の情況は、刑訴第201条第2項の準用する同法第73条第3項にいわゆる「急速を要するとき」に当たる。

右の如き情況の下において、折柄被疑者の求めに応じて工場から馳せつけた被告人等が被疑者奪還のため、甲、乙両巡査に対し暴行を加えた以上、被告人等の右所為は公務執行妨害罪を構成する。

逮捕状の執行に当たり、被疑者が自宅に現在する場合においても、しばしば他村等に出かけるなど自宅に現在することはほとんど予期し得ず、逮捕状の所持者に連絡して急速に逮捕状を入手することが困難な場合には、「急速を要するとき」（刑訴法第201条第2項の準用する第73条第3項）に当たる。

刑訴第73条第3項（第201条第2項により逮捕状による逮捕の手続に準用）による逮捕の場合、単に罪名を告げただけでは足りず、被疑事実の要旨を告げていなければならず、本件において被疑者に単に窃盗の嫌疑により逮捕状が発せられている旨を告げたのみで、被疑事実の要旨を告げていないのであるから、逮捕状の緊急執行の手続要件を欠如するもので、適法な逮捕とはいえない。

　　緊急執行につき、被疑事実の要旨を告知するには、被疑者に理由なく逮捕する
ものではないことを一応理解させる程度に逮捕状記載の被疑事実の要旨を告げれ
ば足り、必ずしも逮捕状記載の被疑事実の要旨一切を逐一告知する必要はないも
のと解される。

　　被疑事実の要旨を告知する余裕が存するにもかかわらず、罪名及び逮捕状が発
せられている旨を告げたのみで、被疑事実の要旨を告げずになされた逮捕手続は、
罪名を告げただけで直ちに被疑事実の要旨を察知することができ、被疑者におい
ても敢えて逮捕状の呈示を求めないような場合でない限り、不適法であって、か
かる逮捕行為は、職務の執行に該当しない。

　　刑訴法第201条第2項及び第73条第3項の法意は、被逮捕者が、いかなる被疑
事実によって逮捕されるものであるかを知らしめて安んじて逮捕に応ぜしめよう
とするにあるから、罪名の告知のみで被疑事実の内容を了知し得る状況にある場
合には、罪名と令状が発せられていることのみを告げて逮捕しても、必ずしも前
記法条に反するものではない。

🔗 緊急逮捕 🔗

1 緊急逮捕の本質（性格）

　　　厳格な制約の下に、罪状の重い一定の犯罪のみについて、緊急やむを得ない
　　場合に限り、逮捕後直ちに裁判官の審査を受けて逮捕状の発行を求めることを
　　条件として、被疑者の逮捕を認めることは、憲法33条の規定の趣旨に反するも
　　のではない。

2 逮捕状の請求要件である「直ちに」の意義

　　刑訴法第210条第1項にいう「直ちに」とは、単に緊急逮捕から逮捕状の請求
までの所要時間の長短のみでなく、被疑者の警察署への引致、逮捕手続書等書類

の作成、疎明資料の調整、書類の決裁等警察内部の手続に要する時間、及び事件の複雑性、被疑者の数、警察署から裁判所までの距離、交通機関の事情等も考慮に入れて判断すべきものであり、緊急逮捕後「できる限り速やかに」という意味であるが、深夜のために担当裁判官が翌朝にと指示した場合でも、緊急逮捕の約12時間半後の翌朝に逮捕状を請求したことは「直ちに」なしたものとは称し難く、違法の評価を免れない。

　　緊急逮捕したが、逮捕後に被疑者を立ち会わせて実況見分を行い、さらに取調べを行うなどしたことにより、逮捕から6時間余を経て緊急逮捕状を請求した場合につき、明らかに緊急逮捕につき「直ちに」の要件を欠いたもので、その違法は重大であるとして、逮捕後勾留までの取調べにかかる供述調書の証拠能力を否定した（もっとも、勾留裁判は適法になされており勾留状が発付された後の勾留中の供述調書の証拠としての許容性を認めた。）。

　　対立する過激派学生集団同士による傷害事件の被疑者3名を緊急逮捕、逮捕状の請求まで約6時間を経過したとしても、被害者、被疑者ともに捜査に協力していないなど本件事情の下では、被疑事実内容、犯人特定のための捜査のため必要最少限度の疎明資料の収集・整理に要した必要やむを得ないものといえるから、本件令状請求が「直ちに」なされなかったとみることができない。

通常逮捕

❶ 逮捕の理由と必要性

1　大阪高裁昭和50年12月2日判決・判例タイムズ335号232頁

判決要旨

> 刑訴法199条1項本文の「被疑者が罪を犯したことを疑うに足りる相当な理由」とは、捜査機関の単なる主観的嫌疑では足りず、証拠資料に裏づけられた客観的・合理的な嫌疑でなければならない。更には、勾留理由として要求されている相当の嫌疑（刑訴法60条1項本文）よりも低い程度の嫌疑で足りると解せられる。

━━━━━━━━━━━━━━━━ **事案の概要** ━━━━━━━━━━━━━━━━

　大阪府警此花警察署において、昭和40年5月27日、被疑者X及び同Yは共謀して昭和40年3月3日午後3時頃、被疑者X方において、Nから50万円を騙取したとの被疑事実につき、被害届、被害者の被害調書等を疎明資料として逮捕状を請求し、令状の発付を受けた（なお、Yは別件の詐欺事件により同年5月7日に通常逮捕され、同月18日に起訴されていた。）。

　被疑者Xは、同署の本件逮捕状請求当時、弁明書を提出するなどして当該被疑事実を否認し、稼働先を退社し引越しの準備をしている様子から、同署では罪証隠滅、逃亡のおそれもあると判断し、逮捕した。その後、勾留請求が却下されたことから、Xは、当該逮捕は違法であるとして国家賠償法1条に基づき損害賠償を求めた。

━━━━━━━━━━━━━━━━ **裁判所の判断** ━━━━━━━━━━━━━━━━

　「通常逮捕の要件は、実質的には、逮捕の理由（相当な嫌疑）と逮捕の必要性の存在することであり、（中略）逮捕の理由とは罪を犯したことを疑うに足りる相当な理由をいうが、ここに相当な理由とは捜査機関の単なる主観的嫌疑では足りず、証拠資料に裏づけられた客観的・合理的な嫌疑でなければならない。もとより捜査段階のことであるから、有罪判決の事実認定に要求される合理的疑を超える程度の高度の証明は必要でなく、また、公訴を提起するに足りる程度の嫌疑までも要求されていないことは勿論であり、更には勾留理由として要求されている相当の嫌疑（刑訴法60条1項本文）よりも低い程度の嫌疑で足りると解せられる。逮捕に伴う拘束期間は勾留期間に比較して短期であり、しかもつねに逮捕が勾留に先行するため、勾留に際しては証拠資料の収集の機会と可能性が逮捕状請求時より多い筈であるから勾留理由としての嫌疑のほうが、逮捕理由としてのそれよりもやや高度のものを要求されていると解するのが相当である。

　逮捕の必要性について、刑訴法は、それが何であるかを明文をもって規定していないが、

刑訴規則143条の３が被疑者の年齢及び境遇並びに犯罪の軽重及び態様その他諸般の事情に照らし、被疑者が逃亡する虞がなく、かつ、罪証を隠滅する虞がない等明らかに逮捕の必要がないと認めるときは、逮捕状の請求を却下しなければならないと規定している。このことからすると、逃亡または罪証隠滅のおそれがある場合は逮捕の必要性があるということになる。

　控訴人Ｘの前記弁明書が同控訴人にとって有利な内容であるとしても、此花警察署警察官らが、Ｎの供述に比し、同書の内容は信憑性の薄弱なもので単なる弁解にすぎないと判断したことが相当である以上、同控訴人に対する逮捕状の請求書に右弁明書を添付しなければならないものではない。」

大阪高裁昭和50年12月２日の検討・評価

⑴ 「相当な理由」の基本的考え方

　Ｘに対する当該逮捕は違法であるとした国家賠償法に基づく損害賠償責任が否定されたものであるが、本判決における通常逮捕の理由としての「相当な理由」の判示内容はリーデングケースとなっている。

　被疑者を逮捕するには、裁判官からあらかじめ発せられる令状（通常逮捕状）によることが原則であるところ、検察官、検察事務官又は司法警察職員の当該令状請求に当たっては、被疑者が「罪を犯したことを疑うに足りる相当な理由がある」（刑訴法199条１項本文）ことを裁判官に疎明しなければならない。逮捕状の請求を受けた裁判官は、「逮捕の理由があると認める場合においても」、「被疑者の年齢及び境遇並びに犯罪の軽重及び態様その他諸般の事情に照らし、被疑者が逃亡する虞がなく、かつ、罪証を隠滅する虞がない等明らかに逮捕の必要がないと認めるときは、逮捕状の請求を却下しなければならない。」（199条２項ただし書、刑訴規則143条の３）。

　すると、通常逮捕の要件は、逮捕の理由（相当な嫌疑）と逮捕の必要性が存することであるから、その存在は、逮捕状発付の要件であるとともに、現実の逮捕行為の要件であるといえる。

　本判決の説示した逮捕の理由、つまり「相当な理由」について、学説においても、「特定の犯罪の嫌疑を肯定できる客観的・合理的な根拠があることをいう。緊急逮捕における『充分な理由』（210）や勾留の要件である『相当な理由』（60）よりは根拠が弱くてもよい。」[1]、「捜査機関の単なる主観的嫌疑では足りず、証拠資料に裏づけられた客観的・合理的な嫌疑でなければなりません（大阪高判昭和50年12月２日判タ335号232頁）。」[2]、「犯

---

(1)　松尾浩也監修『条解　刑事訴訟法　第５版』（2022年、弘文堂）419頁。

罪の嫌疑を肯定することができる客観的・合理的な根拠があることを意味し、捜査官の単なる主観的な嫌疑では足りないが、緊急逮捕における『充分な理由』（210条）よりも嫌疑の程度は低くてよい。」[3]などと説明され、共通の理解に立っている。

⑵　「相当な理由」の実務上の具体的な疎明

　では、「相当な理由」の具体的な疎明をどのように考えるべきか。

　この点につき、通常逮捕状請求における疎明資料について、犯罪捜査規範（国家公安委員会規則・昭和32年9月施行）は、「通常逮捕状を請求するときは、被疑者が罪を犯したことを疑うに足りる相当な理由があること及び逮捕の必要があることを疎明する被害届、参考人供述調書、捜査報告書等の資料を添えて行わなければならない。ただし、刑訴法第199条第1項ただし書に規定する罰金、拘留又は科料に当たる罪について通常逮捕状を請求するときは、更に、被疑者が定まった住居を有しないこと又は正当な理由がなく任意出頭の求めに応じないことを疎明する資料を添えて行わなければならない。」（122条1項）との規定をおいている。

　これは犯人性の認定に際し、被害届、参考人（被害者、目撃者等）供述調書、捜査経過・被疑者特定に係る捜査報告書等から、一定程度の被疑事実の特定と、当該被疑事実に係る被疑者との結びつきが合理的・客観的に認められなければならない、ということである。

　そこで、まず、捜査過程における各証拠の存在、具体的には、被害者を含む犯行の目撃者による供述、現場（周辺等も含む。）における防犯カメラ等の映像、遺留物からの指紋・DNA等の鑑定結果、被害品の処分先の確認等（もっとも、目撃者等の供述証拠には、知覚、記憶、叙述・表現について、誤謬が介在する危険性を念頭におく。）の捜査結果を踏まえ、特に物的証拠などの客観的証拠から犯人性を検討し、次に利害関係のない第三者（目撃者等）の供述、さらに共犯者が存在するときには共犯者の供述の検討という手順で、当該事件の犯人性を認定し、疎明資料とすべきと考える。

2　最高裁平成10年9月7日第二小法廷判決・判例時報1661号70頁

判決要旨

　5回にわたって任意出頭するように求められながら、正当な理由なく出頭せず、また、その行動には組織的な背景が存することがうかがわれたこと等に鑑みると、明らかに逮捕の必要がなかったということはできない。

⑵　河村有教『入門刑事訴訟法　第2版』（晃洋書房、2022年）177頁。
⑶　安冨潔『刑事訴訟法講義　第4版』（慶應義塾大学出版会、2017年）72頁。

●●●●●●●●●●●●●●●●●●●●●●●●● **事案の概要** ●●●●●●●●●●●●●●●●●●●●●●●

⑴　Xは、外国籍を有し、日本に永住することの許可を受けている者であり、昭和60年2月に外国人登録証明書を汚損したとして、京都市のU区役所を訪れ、当該証明書の引替交付申請手続をしたところ、担当職員から外国人登録法14条1項（当時・昭和62年法律第102号による改正前のもの）に基づき、外国人登録証明書等に指紋を押捺するように求められたが、これを拒否した。このため、京都府K警察署は、外国人登録法違反被疑事件として事情聴取をすべく、Xに対し5回にわたって任意出頭を求めたが、Xはこれに応じなかったため、同署司法警察員は、昭和61年4月17日、京都地方裁判所裁判官に逮捕状を請求し、同日に同令状の発付を受けた。Xは、同月18日に逮捕され、同日に検察庁検察官に送致され取調べを受けた後、同日中に釈放された。

⑵　その後、Xは、国及び京都府に対し、本件逮捕状の請求及びその発付は逮捕要件を欠く違法なものであるとして、国家賠償法1条1項に基づき損害賠償を請求した。

⑶　第一審・京都地裁（平成4年3月26日判決）は、逮捕状の請求・発付は適法であるとして、Xの請求を棄却したが、大阪高裁（平成6年10月28日判決）は、Xには逃亡又は罪証隠滅のおそれがなく逮捕の必要性もなかったとして、逮捕状の請求、発付はいずれも違法であるなどとして、損害賠償請求の一部を認容した。これに対し、被告国等が上告した。

⑷　これに対し、最高裁は、以下のとおり明らかに逮捕の必要がなかったということはできず、逮捕状の請求及びその発付は刑訴法及び刑訴規則の定める要件を満たす適法なものということができるとして、国賠法1条1項の適用上違法と解する余地はないとして、国等の敗訴部分を破棄した。

══════════════ **裁判所の判断** ══════════════

「1　司法警察職員等は、被疑者が罪を犯したことを疑うに足りる相当な理由及び逮捕の必要の有無について裁判官が審査した上で発付した逮捕状によって、被疑者を逮捕することができる（刑訴法199条1項本文、2項）。一定の軽微な犯罪については、被疑者が定まった住居を有しない場合又は正当な理由がなく刑訴法198条の規定による出頭の求めに応じない場合に限って逮捕することができるとされているから（刑訴法199条1項ただし書）、裁判官は、右の軽微な犯罪については、更にこれらの要件が存するかどうかも審査しなければならない。

ところで、逮捕状の請求を受けた裁判官は、提出された資料等を取り調べた結果（刑訴規則143条、143条の2）、逮捕の理由（逮捕の必要を除く逮捕状発付の要件）が存するこ

とを認定できないにもかかわらず逮捕状を発付することは許されないし（刑訴法199条2項本文）、被疑者の年齢及び境遇並びに犯罪の軽重及び態様その他諸般の事情に照らし、被疑者が逃亡するおそれがなく、かつ、罪証を隠滅するおそれがない等明らかに逮捕の必要がないと認めるときは、逮捕状の請求を却下しなければならないのである（刑訴法199条2項ただし書、刑訴規則143条の3）。

なお、右の罪証隠滅のおそれについては、被疑事実そのものに関する証拠に限られず、検察官の公訴を提起するかどうかの判断及び裁判官の刑の量定に際して参酌される事情に関する証拠も含めて審査されるべきものである。

そして、右の逮捕状を請求された裁判官に求められる審査、判断の義務に対応して考えると、司法警察員等においても、逮捕の理由がないか、又は明らかに逮捕の必要がないと判断しながら逮捕状を請求することは許されないというべきである。

2　本件における事実関係によれば、本件逮捕状の請求及びその発付の当時、被上告人が外国人登録法14条1項に定める指紋押なつをしなかったことを疑うに足りる相当な理由があったものということができ、さらに、右の罪については、1年以下の懲役若しくは禁錮又は20万円以下の罰金を科し、あるいは懲役又は禁錮及び罰金を併科することとされていたのであるから（同法18条1項8号、2項）、刑訴法199条1項ただし書、罰金等臨時措置法7条1項（いずれも平成3年法律第31号による改正前のもの）に規定する罪に該当しないことも明らかであって、本件においては被上告人につき逮捕の理由が存したということができる。

そこで、逮捕の必要について検討するに、本件における事実関係によれば、被上告人の生活は安定したものであったことがうかがわれ、また、K警察署においては本件逮捕状の請求をした時までに、既に被上告人が指紋押なつをしなかったことに関する証拠を相当程度有しており、被上告人もこの点については自ら認めていたのであるから、被上告人について、逃亡のおそれ及び指紋押なつをしなかったとの事実に関する罪証隠滅のおそれが強いものであったということはできないが、被上告人は、T巡査部長らから5回にわたって任意出頭するように求められながら、正当な理由がなく出頭せず、また、被上告人の行動には組織的な背景が存することがうかがわれたこと等にかんがみると、本件においては、明らかに逮捕の必要がなかったということはできず、逮捕状の請求及びその発付は、刑訴法及び刑訴規則の定める要件を満たす適法なものであったということができる。

3　右のとおり、本件の逮捕状の請求及びその発付は、刑訴法及び刑訴規則の定める要件を満たし、適法にされたものであるから、国家賠償法1条1項の適用上これが違法であると解する余地はない。」

最高裁平成10年9月7日第二小法廷判決の検討・評価

　本判決は、被疑者が正当な理由なく、捜査機関の呼び出し（出頭要請）に応じない場合における逮捕の可否（以下「本論点」という。）について、最高裁として明確に論じたところに意義があるといえる。

　当該指紋押捺制度は平成11年に廃止され、本人確認の方法はこれに代わって写真と署名が用いられた。また、外国人登録法自体も平成24年に廃止され、外国人の登録と身元確認外国人住民登録制度（同年施行）によることとなったが、本論点を導くための本判決の意義はいささかも失われるものではない。

　この問題が、捜査実務上、顕在化するのは（時には報道されることがあり）主として道路交通法違反（例えば、速度違反や駐車違反等）等、通常、任意捜査で処理される比較的法定刑も軽い態様の事件である。

　上記判決文の中で、本論点を導く論理操作の部分が「1及び2の前段」であり、これを踏まえ、「2の後段」が本件に対する、いわゆる当てはめの部分である。

　本論点についての通説の考え方は、「逃亡のおそれ、罪証隠滅のおそれと並ぶ逮捕を必要とする事由として『正当な事由のない不出頭』が当然に認められるものではないが、正当な理由のない不出頭は、一般的には逃亡ないし罪証隠滅のおそれの一つの徴表であると考えられるので、それが1、2回に止まらず数回に及ぶならば、それは右徴表とみられる事実の反復を意味し、そのこと自体から、又は他の事情と相まって、逮捕の必要が推定されることがある。」[4]、「数回にわたる不出頭者の逮捕は、特に道路交通法違反事件について、大量処理の必要上、ある程度、定型的に行われるようになったが（逮捕して、いわゆる逮捕中在庁形式の略式請求起訴を行う。）、この取扱いは、上記の理由で、おおむね学説においても支持されている（渥美・刑訴59頁）」[5]と説示されている。

　また、この点について、石毛平藏（編集協力・細谷芳明）『捜査・令状の基本と実務』（東京法令出版、平成4年）も、「捜査官側としては、できれば略式手続で処理してやろうとする意向のもとに、何度か呼出しをかけるのですが、被疑者は一向にこれに応じる気配をみせないということから、強制捜査に踏み切る原因となっています。捜査機関のもとに出頭してこなければ手続ができず、結局、『ゴネ得』というのでは、一般の違反者に与える影響は大きいでしょう。さりとて、逮捕の必要を満たさない逮捕などありようはずもないのです。こうした事態に直面した捜査官としては、何としても、取調べの機会をつくらなければならないからこそ、やむを得ず逮捕という非常手段に訴えざるを得ないことは、

---

(4)　河上和雄ほか編『大コンメンタール刑事訴訟法・第2版第4巻』（青林書院、2012年）205頁。
(5)　前掲注(4)。なお、（渥美・刑訴59頁）は、『渥美東洋・刑事訴訟法（全訂第2版）（平21　有斐閣）』を指す。

十分に理解できます。刑訴法の定めを曲げずに、しかも、被疑者の取調べができる環境をつくることは決して易しいことではありません。それを可能にするのが、数回の呼出しに応じない場合には、そこに逃亡、証拠隠滅のおそれが推定されるという理論です。出頭を拒む者の中には、訴追自体を免れようとして頑に出頭を拒否している者もいます。これが直ちに逃亡や証拠隠滅につながるわけではありませんが、呼出しを受けて急に住居を変えたり、職場を変えたといったことがあれば、それは逃亡のおそれの徴候とみることもできないではありません。したがって、捜査官側としては、単に呼出しを何回したということよりも、呼出しを受けたことによって、被疑者がどのような反応を示したかが分かれば、それが有力な逮捕の必要性を認める疎明資料となるのです。」（99頁）と、徴表説の立場から説明されている。

　なお、本判決について、梅本友美「42　被疑者が捜査機関の呼び出しに応じない場合と逮捕の可否」『別冊判例タイムズ34』において、「同判決は、罪体のみならず、組織的背景等に関する情状事実についても罪証隠滅のおそれの対象と捉え、被疑者の度重なる不出頭を、その重要な情状事実に関する罪証隠滅のおそれの徴表として評価し、また、背後組織に対する捜査を妨害する目的で、被疑者が逃亡するおそれも否定することはできないと判断したものと考えられる（秋山実・研修607号21頁、大野重國・警論52巻1号205頁、平野大輔・別冊判タ26号526頁）」（96頁）と評価している。

② 別件逮捕・勾留

本項の「別件逮捕・勾留」における判例（裁判例）の紹介については、学説上、特に多くの議論のあることに鑑み、（迷路に入り込まないよう、できるだけ初学者にも資するべく、）実務的視点から必要な解説をし、その知見を得た上で、判例（裁判例）を検討することとする。

1 別件逮捕の意義

別件逮捕・勾留（以下「別件逮捕」という。）とは、刑訴法上の呼称ではなく、講学上のものである。

まず、別件逮捕につき論者により相違があるが、論点を明確にするために、例えば、窃盗罪である当該被疑事実（別件）について、逮捕の理由及び必要性があるため、被疑者を逮捕した上で、その身体拘束中に、専ら（又は主として）、別の重大な被疑事実（本件・例えば殺人罪等）について取調べを行う捜査手法である、と定義しておく（なお、別件の犯罪につき逮捕・勾留の理由ないし必要のない場合には違法であることに争いはない。）。

ちなみに、別件逮捕の意義につき、「重大な本件で逮捕・勾留せず、おおむね本件より軽微な別件で逮捕・勾留し、この身柄拘束を利用して本件の取調べを行う場合、この本件のために利用された逮捕・勾留のことを『別件逮捕・勾留』と呼ぶことがある。」[6]、また、「ある事件（本件）について被疑者を逮捕・勾留するための要件が備わっていない場合に、要件が備わった別の事件（別件）によって被疑者を逮捕・勾留し、それを、専ら狙いとした事件（本件）についての取調べに利用する捜査方法を指す。」[7]、「ある被疑事実（本件）について被疑者を逮捕・勾留するだけの嫌疑が十分でない場合に、その被疑者に対する別の被疑事実（別件）で逮捕・勾留し、それを専ら本件についての取調べに利用する捜査手法を意味する。」[8]などと説明されている。

2 別件逮捕の適否を考える学説

別件逮捕の適否を論じるに当たって、基本的に押さえておく学説として、「別件基準説」と「本件基準説」が挙げられ、両説について次のように説かれている[9]。

a 「別件基準説」は、「その逮捕・勾留事実である別件を基準とする立場で、別件につ

(6) 幕田英雄『実例中心捜査法解説　第4版』（東京法令出版、平成31年）332頁。
(7) 川出敏裕『判例講座刑事訴訟法［捜査・証拠篇］』（立花書房、平成28年）95頁。
(8) 守屋克彦編著『刑事訴訟法における学説と実務』（有賀貞博）「別件逮捕・勾留と余罪取調べ」（日本評論社、2018年）49頁。
(9) 幕田・前掲注(6)334頁。

いて逮捕・勾留の理由・必要性があれば、捜査官の狙いが本件の調べであったとしても、原則としてその逮捕・勾留自体は令状主義違反とはいえないとする見解であり、通説、裁判実務の主流である[10]。この立場では、逮捕・勾留事実に理由と必要性があれば、『その逮捕・勾留は、令状主義を潜脱する意図で専ら証拠のない本件の調べのみを狙って行われたもので、もともと別件の逮捕・勾留の実質的必要性はなかった』などといえない限り、別件逮捕・勾留自体は適法である。」

　b「本件基準説」は、「形式上の逮捕・勾留事実である別件事実について逮捕・勾留の理由・必要性があるかどうかを問わず、捜査官が取調べを意図する本件そのものを基準とする立場で、別件逮捕・勾留時点において、本件についての逮捕・勾留の理由・必要性があるかどうかを判断し、これがない場合には、端的に、別件逮捕・勾留が令状主義を潜脱するものであって違法とする見解であり、学説上有力である。

　この立場では、逮捕・勾留事実である別件自体に逮捕・勾留の理由・必要性があったとしても、捜査官側で、『本件の調べは主たる目的ではなかった。』といえない限り、別件逮捕・勾留は違法とされる。」

　なお、ほかにも、捜査機関の「本件取調べ目的」という基準に代え、「本件（余罪）取調べの実態という客観的な基準」によって別件逮捕の適否を判断しようとする実体喪失説[11]、第一次逮捕・勾留の適法性判断に当たり、その間の取調べ状況を考慮する考え方と

---

(10)　幕田・前掲注(6)は、「別件基準説が妥当である。」として、その理由を次のように説示している。別件である甲事実について、逮捕の「理由と必要性があり、本来適法に逮捕・勾留をなし得る甲事実がある場合に、たまたま捜査官が本件たる乙事実を併せて調べる意図を有しているからといって、甲事実について被疑者を逮捕・勾留して捜査をすることが許されなくなるというのは不合理であること、逮捕・勾留の理由と必要性の判断を求められている甲事実があるのに、その事実と離れた乙事実について理由と必要性を判断し、その判断を基に甲事実の逮捕・勾留の可否を決めるというのは背理であることなど、本件基準説には理論上難点がある。」

　　また、新庄健二『司法試験論文過去問Live解説講義　刑訴法［改訂版］』において「実務的な感覚からすれば、裁判官が令状発付にあたって、別件逮捕が違法かどうか判断する時には、本件があるかすら分かりません。別件逮捕のための必要な資料が上がってくるだけで、本件に関する資料は上がってきません。そのため、別件に関する資料だけで逮捕か違法かどうかを判断せざるを得ません。そうである以上、本件があるのを前提にして判断することは不可能です。実務で、別件逮捕勾留が問題になってくるのは、自白の証拠能力を争う時です。……実務では、逮捕の時点では、その逮捕が適法であるかを判断して逮捕をします。そうすると、捜査段階では別件逮捕勾留という議論は出てきません。別件についてだけで適法性を考えるべきだというのが実務の運用になっているのはそういった理由です。……実際のところ、逮捕勾留にあたって、裁判官が令状発付をする際には別件に関する捜査資料しか見ることができませんので、本件を取り調べる意図目的を知ることは不可能です。そうであるならば、逮捕勾留の適法性を判断するには別件の資料をもって判断せざるを得ません。結果として、逮捕勾留を本件の取調べに利用して身柄拘束の制限を潜脱する危険については、逮捕勾留中に行われる余罪取調べの可否を問題にすれば足りると考えます。」と説示している。もっとも、別件逮捕が問題とされるのは、後の公判において、取調べ態様等における自白の証拠能力が争われた場合であり、捜査（逮捕状請求の実務、続く勾留・取調べ）の実情を踏まえれば、幕田論文とともに、別件基準説に理があると考える。

(11)　上口裕『刑事訴訟法［第4版］』（成文堂、2015年）135頁は、「この趣旨の裁判例として、東京地決平12.11.13判タ1067号283頁【百選8版19事件】（勾留延長中の余罪取調べがその許容限度を超え、本罪による勾留としての実体を失い、実質上余罪を取り調べるための違法な身柄拘束となっており、その間の余罪取調べも違法である、として自白を排除している。）」を紹介している。

して新しい別件基準説[12]も紹介されている。

3　適法な別件逮捕・勾留中における「本件」取調が許される限度

　次に、「別件」被疑事実に係る逮捕・勾留が適法（その理由及び必要性が認められる。）と評価される場合に、「本件」被疑事実、いわゆる余罪としての取調べが許される限度をどのように考えるかという問題がある。

　この点については、後に検討する「３）　東京地裁平成12年11月13日決定・判例タイムズ1067号283頁」で確認する。

4　判例・裁判例の検討

⑴　最高裁昭和52年8月9日第二小法廷決定・刑集31巻5号821頁（いわゆる狭山事件）

判決要旨

　別件による逮捕・勾留の基礎となった被疑事実について逮捕・勾留の理由と必要性があり、かつ、別件中の恐喝未遂罪（以下「別件」という。）と強盗強姦殺人等（以下「本件」という。）とは社会的事実として一連の密接な関連があり、別件の捜査として事件当時の被疑者の行動状況について同人を取り調べることが他面において本件の捜査ともなるときは、別件である恐喝未遂罪の逮捕・勾留中に本件について取り調べたとしても、その逮捕・勾留は、証拠の揃っている別件の逮捕・勾留に名を借り、その身柄の拘束を利用して、本件について逮捕・勾留して取り調べるのと同様な効果を得ることを狙いとしたものとはいえない。

・・・・・・・・・・・・・・・・・・・・・・ 事案の概要 ・・・・・・・・・・・・・・・・・・・・・・

⑴　昭和38年5月1日午後7時30分頃、被害者A女の身分証明書が同封された脅迫状が同人方の出入口ガラス戸に差し込まれ、同人の通学用自転車が邸内に放置されているのを家人が発見し、警察署に届け出た。しかし、身代金の引き渡し場所における犯人の逮捕に失敗した後に、同女が殺害された。その後の捜査で、被疑者X（以下「X」という。）に対する窃盗、暴行、恐喝未遂被疑事件について、同年5月22日に逮捕状の発付を得て、翌23日にXを逮捕した。Xは、同月25日に勾留され、当該勾留が6月13日まで延長され（第一次逮捕・勾留）、勾留満了の日に、窃盗及び暴行の被疑事実等について起訴され、恐喝未遂については、処分留保のまま勾留期間が満了した。

⑵　その間、第一次逮捕・勾留中に、Xに対する強盗強姦殺人及び死体遺棄事件について

も捜査が行われた（血液型・ポリグラフ検査、筆跡鑑定等、取調べ）。当該捜査結果を踏まえて、同月17日にXを逮捕し、同月20日勾留、7月9日まで延長された（第二次逮捕・勾留）。Xは勾留期間満了の日に、処分留保となっていた前記恐喝未遂の事実とともに、強盗強姦、強盗殺人、死体遺棄の事実で起訴された。

裁判所の判断

1）　別件逮捕について判断した内容

「事件発生以来行われてきた捜査は、強盗強姦殺人、死体遺棄、恐喝未遂という一連の被疑事実についての総合的な捜査であって、第一次逮捕の時点においても、既に捜査官が被告人に対し強盗強姦殺人、死体遺棄の嫌疑を抱き捜査を進めていたことは、否定しえないのであるが、右の証拠収集の経過からみると、脅迫状の筆跡と被告人の筆跡とが同一又は類似すると判明した時点において、恐喝未遂の事実について被害者N（筆者注：Nは被害者A女の父親）の届書及び供述調書、司法警察員作成の実況見分調書、T（筆者注：Tは被害者A女の母親）の供述調書、被告人自筆の上申書、その筆跡鑑定並びに被告人の行動状況報告書を資料とし、右事実にUに対する暴行及びR所有の作業衣一着の窃盗の各事実を併せ、これらを被疑事実として逮捕状を請求し、その発付を受けて被告人を逮捕したのが第一次逮捕である。

　また、捜査官は、第一次逮捕・勾留中被告人から唾液の任意提出をさせて血液型を検査したことや、ポリグラフ検査及び供述調書の内容から、『本件』についても、被告人を取調べたことが窺えるが、その間『別件』の捜査と並行して『本件』に関する客観的証拠の収集、整理により事実を解明し、その結果、スコップ、被告人の血液型、筆跡、足跡、被害者の所持品、タオル及び手拭に関する捜査結果等を資料として『本件』について逮捕状を請求し、その発付を受けて被告人を逮捕したのが第二次逮捕である。

　してみると、第一次逮捕・勾留は、その基礎となった被疑事実について逮捕・勾留の理由と必要性があったことは明らかである。そして、『別件』中の恐喝未遂と『本件』とは社会的事実として一連の密接な関連があり、『別件』の捜査として事件当時の被告人の行動状況について被告人を取調べることは、他面においては『本件』の捜査ともなるのであるから、第一次逮捕・勾留中に『別件』のみならず『本件』についても被告人を取調べているとしても、それは、専ら『本件』のためにする取調というべきではなく、『別件』について当然しなければならない取調をしたものにほかならない。それ故、第一次逮捕・勾留は、専ら、いまだ証拠の揃っていない『本件』について被告人を取調べる目的で、証拠の揃っている『別件』の逮捕・勾留に名を借り、その身柄の拘束を利用して、『本件』について逮捕・勾留して取調べるのと同様な効果を得ることをねらいとしたものである、と

することはできない。

　更に、『別件』中の恐喝未遂と『本件』とは、社会的事実として一連の密接な関連があるとはいえ、両者は併合罪の関係にあり、各事件ごとに身柄拘束の理由と必要性について司法審査を受けるべきものであるから、一般に各別の事件として逮捕・勾留の請求が許されるのである。しかも、第一次逮捕・勾留当時『本件』について逮捕・勾留するだけの証拠が揃っておらず、その後に発見、収集した証拠を併せて事実を解明することによって、初めて『本件』について逮捕・勾留の理由と必要性を明らかにして、第二次逮捕・勾留を請求することができるに至ったものと認められるのであるから、『別件』と『本件』とについて同時に逮捕・勾留して捜査することができるのに、専ら、逮捕・勾留の期間の制限を免れるため罪名を小出しにして逮捕・勾留を繰り返す意図のもとに、各別に請求したものとすることはできない。また、『別件』についての第一次逮捕・勾留中の捜査が、専ら『本件』の被疑事実に利用されたものでないことはすでに述べたとおりであるから、第二次逮捕・勾留が第一次逮捕・勾留の被疑事実と実質的に同一の被疑事実について再逮捕・再勾留をしたものではないことは明らかである。

　それ故、『別件』についての第一次逮捕・勾留とこれに続く窃盗、森林窃盗、傷害、暴行、横領被告事件の起訴勾留及び『本件』についての第二次逮捕・勾留は、いずれも適法であり、右一連の身柄の拘束中の被告人に対する『本件』及び『別件』の取調について違法の点はないとした原判決の判断は、正当として是認することができる。従って、『本件』及び『別件』の逮捕・勾留が違法であることを前提として、被告人の捜査段階における供述調書及び右供述によって得られた他の証拠の証拠能力を認めた原判決の違憲をいう所論は、その前提を欠き、その余の所論は、単なる法令違反の主張であって、いずれも適法な上告理由にあたらない。」

2）　判決（結論）

　「本事件は、捜査の段階及び第一審の半年にわたる公判審理中、被告人が終始自白を維持したこともあって、後に原審で問題となった点が解明されないまま、第一審の判決が言渡された。ところが、被告人が、原審第1回公判期日において、突如、自白を翻し、本事件の犯罪事実を全面的に否認するに至ったことから、原審は、事実の解明のため、第1回公判以来10年間、82回にわたる公判の大部分を事実の取調にあて、延べ80名の証人を尋問し、11回の被告人質問、6件の鑑定、7回にわたる検証を実施して、第一審判決の事実認定の当否を審査するという経過をたどっている。

　本事件については、これまで詳細に検討してきたとおり、脅迫状の筆跡をはじめとし、被告人の自白を離れて被告人が犯人であることを推断するに足りる数多くの客観的証拠が存在し、かつ、真実性の高い、詳細な内容をもつ自白があるのであるが、一部に証拠上な

お細部にわたっては解明されない事実が存在することも否定することができない。この解明されない部分について合理的に可能な反対事実が存在するかどうかを吟味し、これを排除することにより、はじめて有罪の確信に到達することができるのである。そしてまた、合理的に可能な反対事実が存在する限り、犯罪の証明が不充分として、疑わしきは被告人に有利に解決すべきである。

　所論は、このような記録上解明されていない諸点を重視し、記録及び記録外の資料などをも加えて、被告人の犯行としては合理的に説明のできない点があるとし、あるいは他に真犯人のあることを疑わせるような事実がある、というのである。

　当裁判所は、原判決の事実認定にこのような疑点が合理的に存在するかどうかを吟味するため、あらゆる角度から慎重に検討をした。たしかに、原審でも一部に証拠上なお細部にわたっては解明されない事実があり、この解明されない部分について、それぞれ、反対事実の成立を含めいく通りかの事実の成立の可能性が考えられるが、このような場合には、全関係証拠の総合判断により最も合理性のある確度の高いものがあれば、それをとることとなるのである。このような見地から、右の解明されない事実を検討した結果、被告人が犯人であることに合理的な疑念をさしはさむ事実の成立は認められず、また、それらの解明されない事実を総合しても、右の合理的な疑念を抱かせるに足りるものがあるとは認められない。

　それ故、原判決が、客観的証拠を中心にすえ、自白の真実性を検討し、更に、認定の妨げとなる事実の存否を考察したうえ、これらを総合的に評価すると被告人が犯人であることに疑いはないとした判断は、正当である。」

▌最高裁昭和52年 8 月 9 日第二小法廷決定の検討・評価

⑴　本決定の考え方

　本決定は、被害者宅に犯人から寄せられた脅迫状（恐喝未遂罪（別件事件）と強盗強姦殺人等（本件事件）とは社会的事実として一連の密接な関連があることから、別件事件の捜査として被疑者の行動状況等について同人を取り調べることが他面において本件事件の捜査ともなることから、「別件である恐喝未遂罪の逮捕・勾留中に本件について取り調べたとしても、その逮捕・勾留は、証拠の揃っている別件の逮捕・勾留に名を借り、その身柄の拘束を利用して、本件について逮捕・勾留して取り調べるのと同様な効果を得ることを狙いとしたものとはいえない」との判断（論理構成）のもとで、別件逮捕の可否を判断し、この論理構成が判決全体の骨格をなしている。

　この点、本決定は、「第一次逮捕・勾留は、その基礎となった被疑事実について逮捕・勾留の理由と必要性があったことは明らかである。そして、『別件』中の恐喝未遂と『本

件』とは社会的事実として一連の密接な関連があり、『別件』の捜査として事件当時の被告人の行動状況について被告人を取調べることは、他面においては『本件』の捜査ともなるのであるから、第一次逮捕・勾留中に『別件』のみならず『本件』についても被告人を取調べているとしても、それは、専ら『本件』のためにする取調というべきではなく、『別件』について当然しなければならない取調をしたものにほかならない。それ故、第一次逮捕・勾留は、専ら、いまだ証拠の揃っていない『本件』について被告人を取調べる目的で、証拠の揃っている『別件』の逮捕・勾留に名を借り、その身柄の拘束を利用して、『本件』について逮捕・勾留して取調べるのと同様な効果を得ることをねらいとしたものである、とすることはできない。」との規範の提示は、基本的には、別件基準説に依っているようにも理解できる。

　このため、本決定の事案のように、別件事件の捜査として被疑者の行動状況等について同人を取り調べることが他面において本件事件の捜査ともなるような、別件事件と本件事件とが社会的事実として一連の密接な関連性があるような場合には、本決定の射程が及ぶものといえる。

　他方、本決定は、別件と本件との間（両者）に社会的事実として一連の密接な関連がない場合に、被疑者に対する「別件事件」捜査（第一次逮捕・勾留）中において、どのような「本件事件」取調べがなされた場合（本件事件の取調べの態様等）に、違法性が帯びるのかについての判断が示されていない。

　この点について、川出論文は、「別件と本件との間に関連性がない場合に、別件と本件の取調べの比率がどの程度であれば、昭和52年決定が示す前記の場合に該当するのかという点については、同決定は何も述べていない。それゆえ、それは解釈に委ねられることになった。」（前掲注(7)107頁）と評している。

　また、本決定が前記判示において、別件について逮捕・勾留の要件が備わっていたことを述べるとともに、加えて「第一次逮捕・勾留は、専ら、いまだ証拠の揃っていない『本件』について被告人を取調べる目的で、証拠の揃っている『別件』の逮捕・勾留に名を借り、その身柄の拘束を利用して、『本件』について逮捕・勾留して取調べるのと同様な効果を得ることをねらいとしたものである、とすることはできない。」と述べている点につき、新矢調査官は、「本件では、右判示のような事実は認められないとしたので、本決定では、それ以上の判断を要しなかったのである。したがって、これを、反対解釈として、仮りに右判示のような捜査官の目的ないし意図が認められる場合は、第一次逮捕・勾留及びその間の『本件』の取調が違法となると判示したものと解することは当らない。」[13]と解

---

(13)　新矢悦二『最高裁判所判例解説刑事篇　昭和52年度』（法曹会）268頁。

説している。

　また、川出論文も「本決定のこの判示部分は、弁護人の主張に答えるかたちで、本事案がそのような場合ではないということを述べているだけであり、それに該当する場合には、逮捕・勾留が違法となるとしているわけではない。その意味で、それは、厳密には傍論ともいえないものであるため、これによって、別件逮捕・勾留の適法性に関する判断基準が示されたとはいいがたいのである。」（前掲注(7)106頁）と述べている。

　そこで、本決定以後の判決において、本決定で示した「第一次逮捕・勾留は、専ら、いまだ証拠の揃っていない『本件』について被告人を取調べる目的で、証拠の揃っている『別件』の逮捕・勾留に名を借り、その身柄の拘束を利用して、『本件』について逮捕・勾留して取調べるのと<u>同様な効果を得ることをねらいとしたものである、とすることはできない。</u>」との内容を、いわば本決定の判示を意識しつつ、「………<u>同様な効果を得ることをねらいとしたものである</u>」との視点からとみられる裁判例を検討する。

(2)　本決定を意識し、第一次逮捕・勾留中に「本件」取調べの適否の判断基準を示した裁判例

1）　大阪高裁昭和59年4月19日判決・高刑集37巻1号98頁（いわゆる神戸まつり事件）

•••••••••••••••••••••••••••• 事案の概要 ••••••••••••••••••••••••••••

　例年、開催されている神戸まつり期間中の昭和51年5月15日の夜から16日早朝にかけて、暴走族を中心とした群衆による複数のタクシー襲撃事件が発生した（阪急タクシー事件など3事件）。

　特に、阪急タクシー事件の現場においては、群衆が押し出した大型車両によって報道カメラマンが轢過され死亡する事件が発生したため、捜査本部が設置された。捜査中のところ、現場写真に写っていたXが当時の状況について任意取調べをされた際、事件に関与していたことが濃厚となったことから、阪急タクシーを転覆させた事件（暴力行為等処罰法違反、業務妨害）の被疑者として、5月23日に逮捕され、勾留された（第一次逮捕・勾留）。Xが身柄を拘束された23日間のうち、阪急タクシー事件に対する取調べは2、3日で終了し、それ以外の時間は、専ら本件殺人の取調べに充てられ、その後、殺人の被疑事実により逮捕・勾留された（第二次逮捕・勾留）。（ほかに、Yに対しても同様の捜査方法がなされた。）

　殺人等の罪で起訴されたXらは、当該逮捕・勾留の適法性を争った。

裁判所の判断

　「とくに、もっぱらいまだ逮捕状・勾留状の発付を請求しうるだけの証拠の揃っていない乙事実（本件）について被疑者を取り調べる目的で、すでにこのような証拠の揃っている甲事実（別件）について逮捕状・勾留状の発付を受け、同事実に基づく逮捕・勾留に名を借りて、その身柄拘束を利用し、本件について逮捕・勾留して取り調べるのと同様の効果を得ることをねらいとして本件の取調べを行う、いわゆる別件逮捕・勾留の場合、別件による逮捕・勾留がその理由や必要性を欠いて違法であれば、本件についての取調べも違法で許容されないことはいうまでもないが、別件の逮捕・勾留についてその理由又は必要性が欠けているとまではいえないときでも、右のような本件の取調べが具体的状況のもとにおいて実質的に令状主義を潜脱するものであるときは、本件の取調べは違法であって許容されないといわなければならない。

　そして、別件（甲事実）による逮捕・勾留中の本件（乙事実）についての取調べが、右のような目的のもとで、別件の逮捕・勾留に名を借りその身柄拘束を利用して本件について取調べを行うものであって、実質的に令状主義の原則を潜脱するものであるか否かは、①甲事実と乙事実との罪質及び態様の相違、法定刑の軽重、並びに捜査当局の両事実に対する捜査上の重点の置き方の違いの程度、②乙事実についての証拠とくに客観的な証拠がどの程度揃っていたか、③甲事実についての身柄拘束の必要性の程度、④甲事実と乙事実との関連性の有無及び程度、ことに甲事実について取り調べることが他面において乙事実についても取り調べることとなるような密接な関連性が両事実の間にあるか否か、⑤乙事実に関する捜査の重点が被疑者の供述（自白）を追求する点にあったか、客観的物的資料や被疑者以外の者の供述を得る点にあったか、⑥取調担当者の主観的意図がどうであったか等を含め、具体的状況を総合して判断するという方法をとるほかはない。」

　そして、これらの要素を本事案にあてはめ、逮捕・勾留期間中におけるＸ、Ｙの両名に対する本件殺人の事実に対する取調べは、具体的状況に照らし、「令状主義を潜脱するものであって、違法で許容されえない」と認定した。

▎大阪高裁昭和59年 4 月19日判決の検討・評価

　先の最高裁昭和52年決定（いわゆる狭山事件）が、「別件」による逮捕・勾留とその間の「本件」取調べについて、「別件」である恐喝未遂等と「本件」である強盗強姦殺人、死体遺棄とが社会的事実として一連の密接な関連があるとして、一体のものとして、その適法性を判断しているのに対し、川出論文は、「神戸まつり事件」の「本判決は、そのうちの本件取調べの部分を取り出して」、最高裁昭和52年決定の「判示部分[(14)]を当てはめた

ものということができるであろう。」と評している[15]。

　確かに、別件逮捕・勾留（第一次逮捕・勾留）が、「本件」取調べの適否を判断するに当たり、それが実質的に令状主義を潜脱するものであるか否かについて、前記①から⑥のような考慮要素を具体的状況に照らし、総合判断する手法は優れているものと考えられる。

　この総合判断手法は、他の裁判例でも採用されている。

　ちなみに、「鹿児島の夫婦殺し事件[16]差戻後控訴審判決」である福岡高裁昭和61年4月28日判決（確定）・判例時報1201号3頁においても、次のように前記「神戸まつり事件判決」の判断手法が採用されているといってよい。

　「いまだ逮捕状及び勾留の各請求をなしうるだけの資料の揃っていない乙事実（本件）について被疑者を取り調べる目的で、すでにこのような資料の揃っている甲事実（別件）について逮捕状・勾留状の発付を受け、甲事実に基づく被疑者としての逮捕・勾留、さらには甲事実の公判審理のために被告人として勾留されている身柄拘束を利用し、乙事実について逮捕・勾留して取り調べるのと同様の取調を捜査において許容される被疑者の逮捕・勾留期間内に、さらにはその期間制限を実質的に超過して本件の取調を行うような別件（甲事実）逮捕・勾留中の取調の場合、別件（甲事実）による逮捕・勾留がその理由や必要性を欠いて違法であれば、本件（乙事実）についての取調も違法で許されないことはいうまでもないが、別件（甲事実）の逮捕・勾留についてその理由又は必要性が認められるときでも、右のような本件（乙事実）の取調が具体的状況のもとにおいて憲法及び刑事訴訟法の保障する令状主義を実質的に潜脱するものであるときは、本件の取調は違法であるのみならず、それによって得られた被疑者の自白・不利益事実の承認は違法収集証拠として証拠能力を有しないものというべきである。

　そして別件（甲事実）による逮捕・勾留中の本件（乙事実）についての取調が、具体的状況のもとで令状主義の原則を実質的に潜脱するものであるか否かは、

　　①甲事実と乙事実との罪質及び態様の相違、法定刑の軽重、並びに捜査当局の両事実に
　　　対する捜査上の重点の置き方の違いの程度

　　②甲事実と乙事実との関連性の有無及び程度

---

(14)　「第一次逮捕・勾留は、専ら、いまだ証拠の揃っていない『本件』について被告人を取調べる目的で、証拠の揃っている『別件』の逮捕・勾留に名を借り、その身柄の拘束を利用して、『本件』について逮捕・勾留して取調べるのと同様な効果を得ることをねらいとしたものである、とすることはできない。」との判示内容を、「………同様な効果を得ることをねらいとしたものである」との視点からの当てはめ。

(15)　川出・前掲注(7)111頁。

(16)　被疑者は、昭和44年1月15日午後9時頃、A方において、Aの妻Bと同衾中のところ、折りしも帰宅したAに発見されたことから、両人を殺害。その後、同年4月12日に別件の詐欺等で逮捕され、その身柄拘束中に、ほとんど本件殺人事件の取調べを受け、同年7月2日にB殺害を自供したことから、同月4日に逮捕され、その後A殺害も自供し、同月25日に起訴されたという事案である。

③取調時の甲事実についての身柄拘束の必要性の程度

④乙事実についての取調方法（場所、身柄拘束状況、追求状況等）及び程度（時間、回数、期間等）並びに被疑者の態度、健康状態

⑤乙事実について逮捕・勾留して取り調べたと同様の取調が捜査において許容される被疑者の逮捕・勾留期間を超えていないか

⑥乙事実についての証拠、とくに客観的証拠の収集程度

⑦乙事実に関する捜査の重点が被疑者の供述（自白）を追求する点にあったか、物的資料や被疑者以外の者の供述を得る点にあったか

⑧取調担当者らの主観的意図がどうであったか

等の具体的状況を総合して判断するという方法をとるのが相当というべきである。」

　このように、「鹿児島の夫婦殺し事件差戻後控訴審判決」は、前記の「いわゆる狭山事件」（最高裁昭和52年8月9日第二小法廷決定）を意識しつつ、前記1）「いわゆる神戸まつり事件判決」（大阪高裁昭和59年4月19日判決）と同様の判断手法を採用しているといってよい。

　次に、平成年代における別件逮捕に関する、2件の判決を確認することとする。

2）　浦和地裁平成2年10月12日判決・判例時報1376号24頁

判決要旨

> 　重大な「本件」（現住建造物等放火罪、以下同じ。）について被疑者を逮捕・勾留する理由と必要性が十分でないのに、主として「本件」について取り調べる目的で、「本件」が存在しなければ通常立件されることがないと思われる軽微な「別件」（不法残留罪）につき被疑者を逮捕・勾留する場合も、違法な別件逮捕・勾留として許されない、として自白調書の証拠能力を否定した。

・・・・・・・・・・・・・・・・・・・・・・・ 事案の概要 ・・・・・・・・・・・・・・・・・

⑴　昭和63年9月7日午後2時過ぎ頃、Dらが居住する埼玉県三郷市内にある共同住宅が放火され、全焼した。Dとその友人らは、同月9日に、放火犯人として外国人であるXを吉川警察署に突き出した。同署では、その時点ではXの放火の事実は嫌疑が十分でないため、不法残留の事実により被疑者X（以下「X」という。）を現行犯逮捕した。

⑵　翌10日午前中、S警部補は、被疑者不法残留の事実につき取調べを行った。なお、10日の段階で、Xを警察に突き出してきたDの供述や火災直後に現場でXを見かけたというGの供述を得ていたことから、本件火災はXの放火によることはほぼ間違いないとの

見通しをたてた。

⑶　同月11日、Xは浦和地方検察庁検察官に送致・勾留され、勾留満期である同月20日、当該事実により起訴された（第一次逮捕・勾留）。

⑷　さらに、翌21日、現住建造物等放火の事実により通常逮捕され、引き続き勾留された上、10月11日起訴された（第二次逮捕・勾留）。

⑸　Xは、逮捕・勾留は違法な別件逮捕・勾留であり、その間に得られた自白調書には証拠能力がない旨主張した。

【取調状況の経過】

　9月9日、午後11時30分、Xを不法残留の事実で現行犯逮捕した。

　10日は不法残留の関係で取調べ。11日にXを浦和地検に送致・勾留した。

　12日は取調べがなく、13日は不法残留の事実と放火の取調べ、残りの勾留期間に放火の取調べを行うこととされた。

　14日及び15日は取調べがなく、16日は放火の取調べがなされた。

　17日は取調べがなく、18日は放火の取調べがなされ、Xは放火の事実を認めた。

　19日は検察官の取調べがなされた。

　20日は取調べがなく、21日にXを現住建造物等放火の被疑事実により通常逮捕した。

　22日にXは浦和地検検察官に送致され、勾留状が発付された。

裁判所の判断

⑴　第一次逮捕・勾留の適否について

「当裁判所は、違法な別件逮捕・勾留として許されないのは、前記のような典型的な別件逮捕・勾留[17]の場合だけでなく、これには『未だ重大な甲事件について被疑者を逮捕・勾留する理由と必要性が十分でないのに、主として右事件について取り調べる目的で、甲事件が存在しなければ通常立件されることがないと思われる軽微な乙事件につき被疑者を逮捕・勾留する場合』も含まれると解するものである。このような場合の被疑者の逮捕・勾留は、形式的には乙事実に基づくものではあるが、実質的には甲事実に基づくものといってよいのであって、未だ逮捕・勾留の理由と必要性の認められない甲事実に対する取調べを主たる目的として、かかる乙事実の嫌疑を持ち出して被疑者を逮捕・勾留することは、令状主義を実質的に潜脱し、一種の逮捕権の濫用にあたると解される。

　そして、右のような見解のもとに、本件について検討すると、吉川警察署は、被告人を

---

[17]　「典型的な別件逮捕・勾留」とは、「未だ重大な甲事件について逮捕する理由と必要性が十分でないため、もっぱら甲事件について取り調べる目的で、逮捕・勾留の必要のない乙事件で逮捕・勾留した場合」を指している。

警察に突き出してきたDやCが不法残留者で、特にDについては、逮捕・勾留の要件が明らかに存在していると思われるにもかかわらず、両名に対する刑事手続を発動せず、不法残留の事実について何らの捜査を行っていない（もちろん、逮捕・勾留もしていない）ことからみて、被告人についても、もし放火の嫌疑の問題がなかったならば、不法残留の事実により逮捕・勾留の手続をとらなかったであろうと考えられるのに、主として、未だ嫌疑の十分でない放火の事実について取り調べる目的で、不法残留の事実により逮捕・勾留したと認められるのであるから、本件は、まさに当裁判所の定義による違法な別件逮捕・勾留に該当する場合であるといわなければならない。

　従って、本件における被告人の身柄拘束には、そもそもの出発点において、令状主義を潜脱する重大な違法があるので、右身柄拘束中及びこれに引き続く本件による身柄拘束中に各作成された自白調書は、すべて証拠能力を欠くと解するのが相当である。」

(2)　余罪取調べの限界について

　「法が、逮捕・勾留に関し事件単位の原則を採用した趣旨からすれば、被疑者が取調べ受忍義務を負担するのは、あくまで当該逮捕・勾留の基礎とされた事実についての場合に限られる（すなわち、同項但書に「逮捕又は勾留されている場合」とあるのを、「取調べの対象となる事実について逮捕又は勾留されている場合」の趣旨に理解する）というのが、その論理的帰結でなければならない。もしそうでなく、一旦何らかの事実により身柄を拘束された者は、他のいかなる事実についても取調べ受忍義務を負うと解するときは、捜査機関は、別件の身柄拘束を利用して、他のいかなる事実についても逮捕・勾留の基礎となる事実と同様の方法で、被疑者を取り調べ得ることとなり、令状主義なかんずく事件単位の原則は容易に潜脱され、被疑者の防禦権の保障（告知と聴聞の保障、逮捕・勾留期間の制限等）は、画餅に帰する。」

　「検察官が、放火の事実は、第一次逮捕・勾留の基礎とされた不法残留の生活状況の一部として一連の密接関連事実であるから、第一次逮捕・勾留中に放火の事実について取り調べることは許されるとしている点について検討する。

　右見解は、いわゆる狭山事件上告審決定（最二決昭和52・8・9刑集31・5・821）に依拠するものと思われるが、そもそも右決定が、甲事実による別件逮捕・勾留中の被疑者に対し、これと社会的事実として一連の密接な関連がある乙事実につき、甲事実の取調べに付随して取り調べることを違法でないと判示した趣旨は、両事実の間に、乙事実に関する取調べがすなわち甲事実に関する取調べにもなるという密接な関連性があることに着目したためにほかならず、右決定の事案はまさに右論理の妥当する事案なのである。しかるに、本件における別件と本件との間には、そのような密接に関連性は認められない。なぜなら、その関連性は、本件たる放火罪は、別件たる不法残留の事実の継続中に犯されたも

ので、放火の動機に不法残留中の生活状況が関係し得るという程度のものに止まるのであって、逆に、放火の事実の取調べが、不法残留の事実の動機、態様等を解明するためにいささかでも役立ち得るとは到底考えられないからである。」

(3) 別件逮捕・勾留中の自白の証拠能力に関する結論

「放火の事実に関するものは、令状主義とりわけその内容をなす事件単位の原則を潜脱し、明らかに余罪取調べの限界を逸脱した違法な取調べによって作成されたか、右自白調書を資料として請求された逮捕状、勾留状に基づく身柄拘束期間中に作成されたものであるから、その意味においても証拠能力を認めるべきではなく、いずれにしてもこれらを有罪認定の資料とすることができない。」

Xは、不法残留の罪（出入国管理及び難民認定法違反）については、2年間の執行猶予付きの懲役4月、現住建造物等放火罪については無罪の判決となった。

┃ 浦和地裁平成2年10月12日判決の検討・評価

本判決の特徴は、検察官が主張したように、別件逮捕・勾留として自白の証拠能力が否定されるのは、その「典型的な別件逮捕・勾留」として、「未だ重大な甲事件について逮捕する理由と必要性が十分でないため、もっぱら甲事件について取り調べる目的で、逮捕・勾留の必要のない乙事件で逮捕・勾留した場合」を挙げていたが、本判決ではさらに「未だ重大な甲事件について被疑者を逮捕・勾留する理由と必要性が十分でないのに、主として右事件について取り調べる目的で、甲事件が存在しなければ通常立件されることがないと思われる軽微な乙事件につき被疑者を逮捕・勾留する場合」も含まれると解したところである。

そして、その理由は、このような場合の被疑者の逮捕・勾留は、形式的には乙事実に基づくものではあるが、実質的には甲事実に基づくものといってよいのであって、未だ逮捕・勾留の理由と必要性の認められない甲事実に対する取調べを主たる目的として、かかる乙事実の嫌疑を持ち出して被疑者を逮捕・勾留することは、令状主義を実質的に潜脱し、一種の逮捕権の濫用に当たると解される、としている点である。

本判決がそのように解した理由として、Xを警察に突き出してきたDやCも不法残留者であり、特にDは、逮捕・勾留の要件が明らかに存在していると思われるにもかかわらず、「両名に対する刑事手続を発動せず、不法残留の事実について何らの捜査を行なっていない（もちろん、逮捕・勾留もしていない）」と指摘し、Xも「もし放火の嫌疑の問題がなかったならば、不法残留の事実により逮捕・勾留の手続をとらなかったであろうと考えられる」のに、「未だ嫌疑の十分でない放火の事実について取り調べる目的で、不法残留の事実により逮捕・勾留したと認められる」として、かかる捜査手法は「まさに当裁判所の

定義による違法な別件逮捕・勾留に該当する場合」としたところにある。

　本判決がこのような判断枠組みを構成した理由に、X以外の外国人籍の仲間も不法残留の事実があるにもかかわらず、取調べの対象としておらず、それにもかかわらず、Xの現住建造物等放火罪（本件）の立件を目指す手法として、「別件」である不法残留の事実を利用したのではないか、との疑念を抱いたのでないかと推測される。

＋α　プラス・アルファ

　この判決の判断枠組みについては、本件基準説、別件基準説からの説明が可能であるといえる。ちなみに、この点について、川出論文は、次のように紹介しており、非常に興味深い（前掲注(7)108頁及び同論文の脚注38）。

《以下、川出論文》

　「本判決が示す上記の基準によれば、別件について逮捕・勾留の要件が備わっていたとしても、なおそれが違法となる場合がありうることになる。また、それは、捜査機関が主として本件について取り調べる目的を有していたかだけでなく、『甲事件（本件）が存在しなければ通常立件されることのないと思われる乙事件（別件）』という条件を加えることにより、本件を取り調べる意図があるからといって、捜査機関が本来できたはずの、別件について逮捕・勾留したうえでの捜査ができなくなるのはおかしいという、本件基準説に対してなされる批判を回避することができるという利点も有している。この基準のもとでは、そもそも、別件は、本件が存在しなければ立件されなかったものなのであるから、本件と離れて、別件自体について逮捕・勾留して捜査を行う必要性が認められないからである。」[38]

《以下、川出論文脚注38》

　「本判決は、別件について逮捕・勾留の要件が備わっている場合にも、それが違法となる場合があることを認めている点において、本件基準説に立ったものと位置づけることができる（酒巻匡『別件逮捕・勾留と余罪取調べ』（判例百選（7）42）。他方で、「本件が存在しなければ通常立件されることがないと思われる別件」という判示からは、別件についての逮捕・勾留の必要性を問題としているようにも読め、そこから、本判決は、本質的には、別件基準説によっているという指摘もなされている（長沼範良「別件逮捕・勾留と余罪取調べ」（判例百選（9）40）。

　そのような理解も可能であるが、問題は、そこでいう逮捕・勾留の必要性の中身である。それは、別件に起訴価値があることを前提に、起訴を行うため身柄を拘束して捜査する必要性を意味しており、一般に逮捕・勾留の必要性として捉えられている、逃亡や罪証隠滅のおそれの存在とは異なる。それゆえ、本判決を別件基準説の枠組みの下で理解するのであれば、起訴前の身柄拘束の必要性につき、逃亡及び罪証隠滅の防止とならんで、「被疑者の逃亡と罪証隠滅を阻止した状態で、身柄拘束の理由とされた事実について起訴・不起訴の決定に向けた捜査を行う必要性」（川出・別件逮捕206）を加えることが前提となろう。」

3）　東京地裁平成12年11月13日決定・判例タイムズ1067号283頁

判決要旨

> 本件の勾留期間延長後は、「別件」（旅券不携帯の罪）による勾留としての実体を失い、実質上、「本件」（強盗致傷罪）を取り調べるための身体拘束となったとみるほかはないから、その間の身体拘束は、令状によらない違法な身体拘束となったものであり、その間に行われた取調べも、違法な身柄拘束状態を利用して行われたものとして違法というべきである。

・・・・・・・・・・・・・・・・・・・・ **事案の概要** ・・・・・・・・・・・・・・・・・・・・

⑴　平成11年6月25日午後4時50分頃、東京都文京区千駄木所在の会社事務所に三人組の強盗が押し入り、同社役員にナイフを近づけるなどして金員を強取しようとしたが、同社従業員が訪れたため逃走した。その際、同社役員に全治約10日間を要する傷害、追いかけた従業員に全治約2週間を要する傷害を負わせる強盗致傷事件が発生した。

　　このため、警視庁駒込警察署に捜査本部が設置され捜査が進められた。

⑵　7月8日午後1時25分頃、匿名の人物から、犯人の一人は自分の知っている男である旨の情報が寄せられたことから、当該情報に基づき捜査中のところ、通報のあった外国籍の男X（以下「X」という。）を発見し職務質問をしたところ、外国人登録証明書を所持していたが、友人から預かったものと申し立てたことから、更に確認のため、駒込署に任意同行し、外国人登録の有無を照会するも、該当がなかった。同人は、「日本で稼ぐため、密入国してきたから旅券は所持していない」旨申し立てたため、同日午後4時頃、Xを出入国管理及び難民認定法違反（旅券不携帯）の現行犯人として逮捕した（旅券不携帯事件）。

⑶　旅券不携帯事件による勾留期間延長までの捜査状況

①　取調べを担当するT警部補は7月8日に、Xの居住先の捜索差押許可状の発付を得て、翌9日に捜索したところ、Xの映っている写真2枚を押収した。同日、取調べを行ったところ、「1月中旬頃、香港の空港から大阪にある空港に来たが、旅券は同行してきた男に入国後取り上げられた。逮捕されたとき所持していた外国人登録証は偽物であり、貼られている写真は自分のものではない。」旨申し立てた。同月10日に、Xは東京地方検察庁検察官に送致され、取調べに対し「旅券不携帯の事実はそのとおり間違いない。逮捕された時持っていた外国人登録証は、友達から借りたもので、自分のものではない。」などと申し立て、翌日の11日に勾留状が発付された。

②　T警部補は、同月13日から勾留満期である同月19日までの間、連日Xの取調べを行った。この間、退去強制歴の有無について入国管理センターに指紋照会中であるこ

と、旅券不携帯事件の裏付捜査が未了であることなどのため、同月20日から10日間の
Xの勾留期間の延長が裁判所に認められた。

③　勾留延長後の取調べは、20日から27日の間、ほぼ連日行われた（なお、判決による
と、この間の取調べ時間中に、その大半は強盗致傷事件の取調べに費やされたことが
容易に推認できると認定された。）。この間、担当検察官から、T警部補らに対し、X
の交友関係を更に捜査し偽造旅券の発見に努めることなど、Xの不法入国事件を裏付
ける証拠が集まらない場合は、偽造公文書行使事件（所持していた外国人登録証明
書）で再逮捕することとし、10日間の勾留期間中に捜査を遂げることなどの指示がな
された。

(4)　偽造公文書行使事件（所持していた外国人登録証明書）での再逮捕

　　Xは、7月29日、旅券不携帯事件について処分保留のまま釈放されると同時に、偽造
公文書行使事件で再逮捕された。

　　Xの再逮捕後、8月5日まで偽造公文書行使事件の取調べが行われ、Xは、一貫して
当該事実を認めていた。Xは、偽造公文書行使事件の勾留満期日である8月9日に同罪
で起訴された。

(5)　偽造公文書行使事件の起訴から強盗致傷事件による逮捕までの捜査状況

　　偽造公文書行使事件の起訴後、強盗致傷事件による取調べは、断続的に続けられた
（8月12日、19日、20日、23日、24日、26日）。

　　そして、Xは、8月30日、Yとともに、強盗致傷事件で逮捕され、9月1日に勾留、
11日に10日間の勾留期間延長が認められた後、8月20日に同事件で起訴された。

裁判所の判断

　裁判所は、上記「事案の概要」の「(3)　旅券不携帯事件による勾留期間延長までの捜査
状況」における取調べにつき、③の強盗致傷事件の取調べを、次のように認定した。

　「旅券不携帯事件による勾留期間の延長後は、被告人に対してほぼ連日、相当長時間に
及ぶ取調べが続けられており、しかも、その大半が××事件**（筆者注：判決文では、××
事件としているが、強盗致傷事件を指している。以下同じ。）**の取調べに費やされていた
のに対し、不法入国事件に関しては、被告人を若干取り調べた点を除けば、捜査本部が積
極的に捜査を行った形跡がなく、同月24日までに、不法入国による立件が絶望的となるよ
うな状況に陥っていたこと、さらに、被告人は、××事件について、頑強に否認を続けて、
自白した後も、取調べに抵抗を続けていたことがうかがわれるのである。

　そして、旅券不携帯事件による勾留期間延長から偽造公文書行使事件による逮捕までの
間の右のような捜査のあり方からすると、右期間中における××事件の取調べは、旅券不

携帯事件による逮捕勾留期間中に許された限度を大きく超えているのに対し、本来主眼となるべき旅券不携帯事件ないし不法入国事件の捜査は、ほとんど行われない状況にあったというべきであるから、右勾留期間延長後は、旅券不携帯事件による勾留としての実体を失い、実質上、××事件を取り調べるための身柄拘束となったとみるほかはない。したがって、その間の身柄拘束は、令状によらない違法な身柄拘束となったものであり、その間の被告人に対する取調べも、違法な身柄拘束状態を利用して行われたものとして違法というべきである。」

（上記以外の取調べは、違法がないとの評価である。）

東京地裁平成12年11月13日決定の検討・評価

⑴　本決定の考え方

　これまで取り上げた「狭山事件」（最高裁昭和52年8月9日第二小法廷決定）を含めて、裁判所は、別件逮捕の適否を判断するに際し、本件の取調べを意図し、それに基づき別件を利用したものではないか、つまり、判決文において、「本件について被疑者を取り調べる目的で」などと述べていることからして、捜査員（捜査機関）の意図を問題とし、捜査手続全体から考察・判断していたといえる。

　これに対し、本決定は、旅券不携帯事件の「勾留期間延長後は、旅券不携帯事件による勾留としての『実体を失い』、実質上、××事件を取り調べるための身柄拘束となったとみるほかはない」と述べている。いわば余罪である本件取調べの問題（余罪取調べの限界）といえる。

　この点に関する本決定は、別件と本件との間における客観的な捜査状況から判断する手法を採っており、これは「別件による勾留としての実体が失われたため勾留が違法となるとする考え方」（学説）[18]の影響を受けた（意識した）ものと推測される。そして、本決定は、具体的な取調べの態様等に着目し「その間の身柄拘束は、令状によらない違法な身柄拘束となったものであり、その間の被告人に対する取調べも、違法な身柄拘束状態を利用して行われたものとして違法というべきである。」と結論づけている。

　このように本決定全体をみると、各捜査手続（取調べ）ごとに仔細に検討し、「違法のないことは明らかである。」、「違法というべきである。」と判断しており、本決定は、いわば部分的にその適否を判断しているところに意義（特徴）がある。

⑵　余罪取調べの限界の問題

　「別件」被疑事実にその理由と必要性（適法とされる場合）が認められ逮捕された場合、

⒅　川出敏裕『別件逮捕・勾留の研究』（東京大学出版会、1998年）221頁。

刑訴法第198条第１項但し書（被疑者は、逮捕又は勾留されている場合を除いては、出頭を拒み、又は出頭後、何時でも退去することができる。）の反対解釈から、出頭・取調べ受忍義務が存するとの理解が可能である。この点に関し、取調べ受忍義務を認めても、直ちに供述義務を課したり、供述を強制したりするわけではないからである（第319条）。

　接見指定の合憲性・要件について判示した最高裁平成11年３月24日大法廷判決・民集53巻３号514頁も、「所論は、憲法38条１項が何人も自己に不利益な供述を強要されない旨を定めていることを根拠に、逮捕、勾留中の被疑者には捜査機関による取調べを受忍する義務はなく、刑訴法198条１項ただし書の規定は、それが逮捕、勾留中の被疑者に対し取調べ受忍義務を定めているとすると違憲であって、被疑者が望むならいつでも取調べを中断しなければならないから、被疑者の取調べは接見交通権の行使を制限する理由にはおよそならないという。しかし、身体の拘束を受けている被疑者に取調べのために出頭し、滞留する義務があると解することが、直ちに被疑者からその意思に反して供述することを拒否する自由を奪うことを意味するものでないことは明らかであるから、この点についての所論は、前提を欠」くとして、刑訴法第198条第１項但し書の規定の反対解釈から、被疑者の出頭・取調べ受忍義務の根拠付けをしているといえよう。

　これに対し、逮捕されていない余罪である「本件」被疑事実の取調べについて、受忍義務があるのかという問題がある。

　この点について、限定説にあっては余罪は任意の取調べにすぎない、非限定説にあっては、第198条第１項ただし書の受忍義務は特に本罪に限定していないから、余罪についても受忍義務を課した取調べが可能である、などというものである。

　このように余罪取調べにおける取調べ受忍義務を巡って、多様な議論があるところ、安冨・刑訴[19]は、「捜査実務では、取調受忍義務を肯定する立場から、余罪についても同様に取調受忍義務を認める立場が主張されているが、裁判実務では、取調受忍義務を肯定する立場に立ちつつ、事件単位の原則（逮捕・勾留について司法審査を経ている）から、余罪には取調受忍義務はないとして、任意での取調べが本罪と関係がある範囲で許されるとする立場であるといえよう。」との見解を述べている。

　また、大久保・刑訴は、「下級審の裁判例は、取調べ受忍義務は、原則として本罪について生じ、本罪と密接に関連する余罪、同種の余罪など、余罪についての取調べが本罪の基礎となった事実についての捜査としても重要な意味を有する場合には、例外的に余罪についても取調べ受忍義務があるとする裁判例が多い」と言及している（大久保隆志『法学叢書　刑事訴訟法』（新世社、2014年）131頁）。

---

(19)　安冨潔『刑事訴訟法講義第４版』（慶應義塾大学出版会、2017年）147頁。

【実務上の配慮】

　このため実務上の配慮としては、「別件」逮捕・勾留中における「本件」事件の取調べに関し、事後の公判を念頭に、事前に担当検察官と取調べの態様（「本件」事件での逮捕時期等を含め）等について、緊密な協議を図る必要がある。

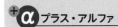 プラス・アルファ

　最後に、幕田・捜査法[20]では、捜査実務に向けて次のようなアドバイスをしており、参考となるので、以下に紹介する。

別件で被疑者を逮捕しようとするときの留意点

　別件がいわゆる起訴価値ないし逮捕・勾留の必要性の乏しい軽微事件、あるいは嫌疑の薄い事件であったり、別件逮捕・勾留中の取調べ時間が本件に偏ったり、捜査官が専ら本件取調べを意図していると推測できる行為（例えば、本件についてのポリグラフ検査の実施）がある場合は、別件が名目にすぎないと認定されるおそれが大きい。

　捜査官が、甲事件で被疑者を逮捕し、その後、乙事件の取調べを予定しているときは、甲事件が名目にすぎないという批判を受けないように、甲事件としては嫌疑十分で、しかも起訴価値のある事件（言い換えれば、逮捕・勾留の必要性も十分な事件）を選定する必要がある。さらに、甲事件での逮捕・勾留中の乙事件の取調べについても、余罪の並行取調べの限度に配慮する必要がある。

⒇　幕田・前掲注⑹337頁。

3　同一事件での再逮捕・再勾留

1　東京地裁昭和47年 4 月 4 日決定・刑事裁判月報 4 巻 4 号891頁

> **決定要旨**
>
> 　刑訴法199条 3 項は、再逮捕が許される場合のあることを前提にしており、現行法上再勾留を禁止した規定はなく、また、逮捕と勾留は相互に密接不可分の関係にあることに鑑みると、同一被疑事実につき被疑者を再度勾留することも例外的に許されるものと解される。いかなる場合に再勾留が許されるかは、先行の勾留期間の長短、その期間中の捜査経過、身柄釈放後の事情変更の内容、事案の軽重、検察官の意図その他の諸般の事情を考慮し、社会通念上捜査機関に強制捜査を断念させることが首肯し難く、また、身柄拘束の不当な蒸し返しでないと認められる場合に限るべきである。

●●●●●●●●●●●●●●●●●●●●●●●●●●●● 事案の概要 ●●●●●●●●●●●●●●●●●●●●●●●●●●●●

⑴　被疑者の逮捕・勾留と釈放

　火薬類取締法違反等の容疑で京都府警察本部に逮捕された被疑者 2 名（U、T）が、爆弾を製造したことを自白し、その供述により爆弾の一部が被疑者X（以下「X」という。）に手渡され、以下の 5 件において使用された疑いがあったため、警視庁が昭和47年 1 月 7 日にXを爆発物取締罰則違反で逮捕・勾留し、鋭意捜査を遂げたが、Xは犯行を否認していたことなどから、具体的な関与状況を解明できなかったため、同月28日、やむなく釈放した。

『別紙㈡』（Xの逮捕、勾留にかかる 5 件の被疑事実）

　被疑者は共産主義者同盟関西派の軍事組織である共産同R・G（突撃隊）に所属するものであるが、同派がかねてから軍事方針を強化し警察施設、検察庁等に対する爆破を計画し、その機会を狙っていたところ、他党派の爆弾事件に呼応し、その爆破実行を企て他多数の同盟員と共謀の上

　第 1　昭和46年 9 月22日午前 7 時ころから同 7 時20分ころまでの間、治安を妨げ、人の身体財産に危害を加える目的をもってKまたはEことTならびにUらが製造の鉄管に塩素酸加里、ピクリン酸、砂糖を混合した薬物を入れ、金魚飼育用ビニールパイプに綿をつめ、スポイトに濃硫酸を入れた落下流入式のスポイト爆弾を

　　　東京都新宿区市ヶ谷佐内町29

　　　　警視庁第四機動隊猶興寮

　　に仕掛け使用し、これを爆破せしめ

第2　昭和46年10月22日午後11時50分ころ、前記目的方法構造をもって製造した爆弾を
　　　東京都板橋区栄町35の3
　　　　板橋警察署養育院前派出所裏
　　にこれを使用し仕掛け

第3　昭和46年10月24日午前〇時ころ、前記目的方法構造をもって製造した爆弾を
　　　東京都板橋区氷川町13の2
　　　　板橋警察署仲宿派出所裏
　　にこれを使用し仕掛け

第4　昭和46年10月25日午前10時35分ころ、前記目的方法構造をもって製造した爆弾を
　　　東京都豊島区長崎1の2の1
　　　　西武鉄道池袋線椎名町駅上りホームと目白警察署長崎神社前派出所の間
　　にこれを使用し仕掛け

第5　昭和46年11月11日午後1時15分ころ、前記目的方法構造をもって製造した爆弾を
　　　東京都千代田区霞が関1の1の3
　　　　東京地方検察庁B棟四階女子用便所内
　　にこれを使用し仕掛けて爆発せしめ
たものである。

(2)　同一事実による再逮捕・再勾留

　ところが、その後の捜査によって、Sが以下の本件爆弾事件（以下「本件犯行」という。）に関与している疑いが濃厚となり、Xを釈放後の昭和47年3月4日にSを取り調べたところ、Sは本件犯行をX、Nと共謀して敢行した事実を自白し、Xが隊長であって本件犯行の責任者であり、かつ、実行行為者であることが明白となったため、Xを再逮捕したうえ、犯意の形成過程、他の爆弾事件との関連性について再度追及する必要が生じた。

　なお、捜査経過から、（京都府警察本部に逮捕された）Uがその供述中において名前を出していなかったSが本件犯行の有力容疑者として浮かび指名手配されるに至ったが、前回のXの勾留期間中にはSを逮捕するに至らなかったもので、同人の自供により本件犯行の捜査が急速に進展するに至ったものである。

『別紙㈢』（本件犯行に関与したXの逮捕、勾留にかかる被疑事実）

　被疑者は共産主義者同盟関西派の軍事組織である共産同R・G（突撃隊）に所属するものであるが、同派のS、Nと共謀の上、治安を妨げ、かつ、人の身体・財産を害する目的をもって、

　　昭和46年10月23日午後10時30分ころ、東京都板橋区栄町35番3号警視庁板橋警察署養

育院前派出所裏に、トリニトロトルエン、ピクリン酸ナトリウム、塩素酸ナトリウムを混合した爆薬を鉄パイプに充填した時限装置付手製爆弾（通称スポイト爆弾）を設置し、もって、爆発物を使用したものである。

裁判所の判断

本件は、爆発物取締罰則違反被疑事件に関し、同一事実による再度の逮捕、勾留が認められるか否かについて、昭和47年4月3日付で東京地裁が「本件に関しては、すでに右の20日間の期間の勾留を経ているのであるから、本件の再度の請求を不適法として却下すべき」としたため、検察官による準抗告申立に対する「勾留請求却下の裁判に対する準抗告決定（東京地裁昭和47年4月4日決定、原裁判取消）」である。

「　　　主　文

　　　原裁判を取消す。

　　　理　由

1　本件準抗告申立の理由は別紙㈠記載のとおりである。

2　⑴　原裁判官は検察官の本件被疑事件についての昭和47年4月3日付勾留請求に対して、同日付をもって『被疑者は、すでに、本件被疑事実と同一の事実（但し、共犯者については、「ほか多数の同盟員と共謀のうえ」とあり。）を含む5個の被疑事実による昭和47年1月9日の勾留請求に基き同月10日勾留せられ（その勾留は期間の延長があって）、同月28日釈放されたものであることが明らかである。ところで、被疑者に対する同一被疑事実による勾留は、やむを得ない事由があるとすべきときであっても、また、その回数を1回に限らないとしても、勾留期間は通じて20日を超えることができないと解すべきであり（このことは、前の釈放をされた後に、新たな証拠が発見される等の事由が生じた場合でも同一であると解する。）本件に関しては、すでに右の20日間の期間の勾留を経ているのであるから、本件の再度の請求を不適法として却下すべきものとする。』との理由を付してこれを却下している。

⑵　関係記録によると被疑者は別紙㈡記載のとおりの5件の爆発物取締罰則違反事件について、昭和47年1月7日逮捕され、引続き同月9日付の勾留請求により勾留および勾留期間延長の裁判を受け、勾留期間満了の日である同月28日までの間身柄を拘束されていたことおよび本件勾留請求にかかる被疑事実（別紙㈢記載）が右5件中の1件であることがそれぞれ明らかである。

⑶　思うに同一被疑事件について先に逮捕勾留され、その勾留期間満了により釈放された被疑者を単なる事情変更を理由として再び逮捕・勾留することは、刑訴法が203条以下において、逮捕勾留の期間について厳重な制約を設けた趣旨を無視することになり被疑者

の人権保障の見地から許されないものといわざるをえない。しかしながら同法199条3項は再度の逮捕が許される場合のあることを前提にしていることが明らかであり、現行法上再度の勾留を禁止した規定はなく、また、逮捕と勾留は相互に密接不可分の関係にあることに鑑みると、法は例外的に同一被疑事実につき再度の勾留をすることも許しているものと解するのが相当である。そしていかなる場合に再勾留が許されるかについては、前記の原則との関係上、先行の勾留期間の長短、その期間中の捜査経過、身柄釈放後の事情変更の内容、事案の軽重、検察官の意図その他の諸般の事情を考慮し、社会通念上捜査機関に強制捜査を断念させることが首肯し難く、また、身柄拘束の不当なむしかえしでないと認められる場合に限るとすべきであると思われる。このことは、先に勾留につき、期間延長のうえ20日間の勾留がなされている本件のような場合についても、その例外的場合をより一層限定的に解すべきではあるが、同様にあてはまるものと解され、また、かように慎重に判断した結果再度の勾留を許すべき事案だということになれば、その勾留期間は当初の勾留の場合と同様に解すべきであり、先の身柄拘束期間は後の勾留期間の延長、勾留の取消などの判断において重視されるにとどまるものとするのが相当だと思われる。

　(4)　そこで、本件についてみると、関係記録により、本件事案の重大さ、その捜査経緯、再勾留の必要性等は別紙㈠記載の申立理由（筆者注：勾留請求却下の裁判に対し検察官からなされた準抗告申立理由書を指す。）中に記載されているとおりであると認められ、その他、前回の勾留が期間延長のうえその満了までなされている点についても、前回の勾留は本件被疑事実のみについてなされたのではなく、本件を含む相互に併合罪関係にある5件の同種事実（別紙㈡）についてなされたものであることなどの点も考慮すると、本件の如き重大事犯につき捜査機関に充分な捜査を尽させずにこれを放置することは社会通念上到底首肯できず、本件について被疑者を再び勾留することが身柄拘束の不当なむしかえしにはならないというほかはなく、前記の極めて例外的な場合に該当すると認めるのが相当である。

　(5)　以上によると本件準抗告は理由があり、本件の勾留請求を却下した原裁判は違法といわねばならないので、同法432条、426条2項を適用してこれを取消し主文のとおり決定する。」

▎東京地裁昭和47年4月4日決定の検討・評価

⑴　同一被疑事実につき、再度の逮捕・勾留が認められるか

　これは、本件事案にみられるように、嫌疑不十分などにより一旦釈放した後に、同一被疑事実につき新たな証拠が得られたため、再度の逮捕・勾留が認められるかという問題である。

　この問題に関し、いまだ最高裁判決はないため、その意味で本決定は実務上の重要な指針といえる。

　1）　再度の逮捕に関する刑訴法上の根拠とその考え方

　　この点に関し、刑訴法上の根拠として199条（通常逮捕状による逮捕要件）3項が「検察官又は司法警察員は、第1項の逮捕状を請求する場合において、同一の犯罪事実についてその被疑者に対し前に逮捕状の請求又はその発付があったときは、その旨を裁判所に通知しなければならない。」と定める。

　　同項の趣旨について、「3項の規定は、文言からも、同一事実による逮捕状が請求され、あるいは発付されたが逮捕に至らなかった場合のみを指すとは考えられない。本項は、むしろ、同一の犯罪事実による逮捕の繰り返しが無制限に許されるとすれば、逮捕の時間的制限が無意味なものになるから、これを裁判官の適切な判断に委ねるために設けられたものであると解され、したがって、実際に逮捕後釈放された被疑者を再逮捕できることを前提とした規定であると解されるのである。」[21]と説示されている。

　　そして、同項を踏まえ、「逮捕状請求書の記載要件」について、刑訴規則142条1項は、「同一の犯罪事実又は現に捜査中である他の犯罪事実についてその被疑者に対し前に逮捕状の請求又はその発付があったときは、その旨及びその犯罪事実」（同項8号）の記載を義務づけており、通常逮捕状の請求書書式にも、その旨の記載欄が設けられている。

　　さらに、裁判所への当該通知義務の内容について、「逮捕の不当なむし返しを防止するために通知義務を課したものである。同一犯罪事実について2度以上逮捕状を請求することも、発付することも差し支えないが、一度逮捕された後釈放された被疑者を同一犯罪について再度逮捕することは、特別の事情のない限り、前の逮捕のむし返しとして禁止されるものといわねばならない。特別の事情としては、一概にはいえないが、重大な事犯につき逮捕して取り調べたが公訴提起に十分な証拠が得られなかったために釈放したところ、後に共犯者の自白が得られるなど新たに有力な証拠が発見された場合などが考えられよう。規142条1項8号は、同一犯罪事実だけではなく他の犯罪事実についても前に逮捕状の請求または発付のあったことの通知を求めている。不要な人身拘束の繰返しを防ぐため、逮捕の必要性を慎重に吟味することを可能とする趣旨である。」[22]と解されている。

　2）　再逮捕に続く、「再勾留」についての本決定の考え方

　　再逮捕に続く、「再勾留」については、逮捕（刑訴法199条3項、刑訴規則142条1

---

(21)　河上和雄ほか編『大コンメンタール刑事訴訟法（第2版）第4巻』[渡辺咲子]（青林書院、2012年）214頁。

(22)　松尾浩也監修『条解刑事訴訟法　第5版』（弘文堂、2022年）421頁。

項8号）のような明文の規定は存しない。そのため、再勾留が認められるのかが問題
となる。

　先行の被疑事実につき逮捕・勾留後、釈放した後に、当該被疑事実と同一の被疑事
実につき新たな証拠が得られたため、再度の逮捕・勾留が認められるかという問題に
つき、本決定の論理構成を整理すると、次のように理解することができる。

ア　原　則

　　同一の被疑事件について先に逮捕・勾留され、その勾留期間満了により釈放され
た被疑者を、単なる事情変更を理由として再び逮捕・勾留することは、刑訴法が
203条以下において、逮捕・勾留の期間について厳重な制約を設けた趣旨を無視す
ることになり被疑者の人権保障の見地から許されない。

イ　例外的場合（199条3項（再度の逮捕）に続く再度の勾留が許容される考え方）

　　同法199条3項は、再度の逮捕が許される場合のあることを前提にしていること
が明らかであり、現行法上再度の勾留を禁止した規定はないが、逮捕・勾留は、相
互に密接不可分の関係にあることに鑑みると、法は例外的に同一被疑事実につき再
度の勾留をすることも許しているものと解される。

　　そうだとしても、いかなる場合に再勾留が許されるかについて、前記の原則との
関係上、①先行の勾留期間の長短、②その期間中の捜査経過、③身柄釈放後の事情
変更の内容、④事案の軽重、⑤検察官の意図その他諸般の事情を考慮し、⑥社会通
念上、捜査機関に強制捜査を断念させることが首肯し難く、また、⑦身柄拘束の不
当な蒸し返しでないと認められる場合に限るとすべきであると思われる。

　　もっとも、前回の勾留につき、期間延長のうえ20日間の勾留がなされている本件
のような場合についても、その例外的場合をより一層限定的に解すべきではあるが、
同様にあてはまるものと解される。

　　また、そのように慎重に判断した結果、再度の勾留を許すべき事案だということ
になれば、その勾留期間は当初の勾留の場合と同様に解すべきであり、先の身柄拘
束期間は後の勾留期間の延長、勾留の取消などの判断において重視されるにとどま
るものとするのが相当だと思われる。

ウ　本件事案についての考え方（例外的な場合に該当するか）

　　本件事案の重大さ、その捜査経緯、再勾留の必要性等については、勾留請求却下
の裁判に対し検察官からなされた「準抗告申立理由書」（別紙㈠）に記載されてい
るとおりであるほか、前回の勾留が期間延長の満了までなされている点についても、
前回の勾留は本件被疑事実のみについてなされたのではなく、本件を含む相互に併
合罪関係にある5件の同種事実（別紙㈡）になされたものであることなどの点も考

慮すると、本件[23]の重大事犯につき充分な捜査を尽くさせずについてこれを放置することは社会通念上到底首肯できず、本件について被疑者を再び勾留することが身柄拘束の不当な蒸し返しにはならないというほかなく、極めて例外的な場合に該当すると認められる。

⑵　先の身柄拘束期間後の再勾留につき、検察官の主張（「準抗告申立理由書」（別紙㈠）の要旨）

本決定は、検察官の準抗告申立理由書につき、「本件事案の重大さ、その捜査経緯、再勾留の必要性等については、別紙㈠記載の申立理由中に記載されているとおりである」と言及した上で、先になされた5件の逮捕・勾留に触れつつ、「本件の如き重大事犯につき充分な捜査を尽させずにこれを放置することは社会通念上到底首肯できず、本件について被疑者を再び勾留することが身柄拘束の不当なむしかえしにはならないというほかなく、極めて例外的な場合に該当すると認めるのが相当である。」と判断しており、検察官の当該申立書が、極めて説得的であったことが認められる。

そこで、検察官は、当該申立書において、同一事実についての再勾留は、絶対的に許されないものではなく、「格別の事情変更がありやむを得ない場合には再度の勾留が許されるべき」として、説得的な論理展開を図っており、「準抗告申立理由書」の要旨を確認する。

　1）　同一事実についての再勾留の考え方（原則）

　　起訴前の勾留が原則として10日間、延長が認められた場合には、更に10日間と定められている（刑訴法208条）ことにつき、「人権保障の建前から捜査のための勾留期間は右の限度に限ることを明らかにしたものであって、右の法定の期間勾留をしたのち、さらに同一事実について再び勾留して捜査を行なうことが原則として許されない」。

---

[23]　被疑者は共産主義者同盟関西派の軍事組織である共産同R・G（突撃隊）に所属するものであるが、同派のS、Nと共謀の上、治安を妨げ、かつ、人の身体・財産を害する目的をもって、昭和46年10月23日午後10時30分頃、東京都板橋区栄町35番3号警視庁板橋警察署養育院前派出所裏に、トリニトロトルエン、ピクリン酸ナトリウム、塩素酸ナトリウムを混合した爆薬を鉄パイプに充填した時限装置付手製爆弾（通称スポイト爆弾）を設置し、もって、爆発物を使用したものである。【本件の被疑事実は、前回の逮捕・勾留にかかる別紙㈡の5件（第1から第5）の被疑事実のうち、第3の被疑事実（別紙㈢である。】
　なお、Xを再度の逮捕をするに至った経緯は、前回の逮捕・勾留後に釈放したが、継続捜査によって、Sが以下の本件爆弾事件に関与している疑いが濃厚となり、Xを釈放後の昭和47年3月4日にSを取り調べたところ、Sは本件犯行をX、Nと共謀して敢行した事実を自白し、Xが隊長であって本件犯行の責任者であり、かつ、実行行為者であることが明白となったため、Xを再逮捕したうえ、犯意の形成過程、他の爆弾事件との関連性について再度追及する必要が生じたものであり、捜査経過から、前回の（京都府警察本部に逮捕された）Uが、その名前を出していなかったSが本件犯行の有力容疑者として浮かび指名手配されるに至ったが、前回のXの勾留期間中にはSを逮捕するに至らなかったもので、同人の自供により、Xにかかる本件犯行の捜査が急速に進展するに至ったというものである。

2）　再勾留が許容される場合（例外）

　　捜査官としては、当該捜査に十分な努力を尽くし、法定の期間内にその処理をなし得るよう万全の措置をとるべきであることはいうまでもないが、「強制捜査を行なっても常に必ずしも公訴の提起をなし得るに十分な証拠を蒐集することが期待しうるものではなく、場合によっては相当の嫌疑があるに拘らず釈放することもありうるところであって、この場合後日新たに証拠を発見して被疑者の嫌疑が一層濃厚となり、しかも犯行の重大性が判明するに至った場合においてなおも任意捜査によるほかその取調べができずひいては結局真相が究明されないまま終るとあっては、刑事訴訟による正義の実現は偏頗なものとなり、国民の正義感も満たされず真の公共の福祉も達成し難い結果となる」。

　　そして、同一被疑事実につき再度の逮捕を認めている刑訴法199条3項、208条等を総合すれば、「逮捕は勾留の前置手続ともいうべきものであって逮捕と勾留は被疑者の身柄に対する強制処分として相関関係にあり、留置の必要のある事件において逮捕は認められるが勾留は認められないというが如く両者を切り離した制度としてみることは不合理であるから再度の逮捕が勾留請求に発展することもまた法の認容しているところといわねばならない。」と解した。

　　その上で、本件事案について、前記「事案の概要」(2)のとおり、新たな証拠によってXに対する「犯罪の嫌疑が濃厚となるという『格別の事情変更』があり」、しかも「なお黙秘を続けている事情もあり、本件のような組織的かつ重大な事犯について右のような『格別の事情』がある場合においてもなお再度の勾留は許されないと解することが果たして刑事訴訟法の合理的解釈といえるであろうか」、特にXの属する「共産同RGは共産主義者同盟戦旗派の秘密軍事組織であり、共産同赤軍派と並ぶ最過激集団であるところ、共産同RGの機関紙『赤旗』3月23日付特別号によれば共産同RGは、今日においてもいわゆる連合赤軍による浅間山荘の銃撃戦を支持する立場におり、日本における革命戦争は爆弾の使用から銃火器の使用に向かうべきであるとしていることが明白で、今後引き続いて本件のような爆弾闘争を展開していくことが推認されるのであるから、この際徹底的に真相を解明し、関連する爆弾事件についても解決の糸口を摑むことが肝要であって本件のごとき特殊重大事案について、かつ前回の勾留当時に存在しなかった新たな証拠によって犯罪の容疑が濃厚になった場合においても単に勾留事実が先の勾留事実と同一であるという理由のみをもって勾留請求を不適法として却下したことは、法律の解釈を誤ったものといわざるを得ない。」、また、Xは「前回の勾留の際は犯行を否認し今回も事実関係について黙秘しているうえ、本件犯行の組織性にかんがみ現段階でXを釈放すれば他の共犯者らと通謀して証拠いん

滅の挙に出ることは明らかであるばかりでなく、本件の重大性を知る被疑者が逃走するおそれは極めて大であるといわなければならない」。

⑶　**本決定の意義（今後の実務に向けて）**

　いまだ、同一事件での再逮捕・再勾留の可否について判断した最高裁判例がないことから、実務上もその対応上、理解を深めておく必要があり、本決定はこの問題（特に再勾留についての規定が存しない。）についてのリーデングケースともいえる。それゆえ、Xに対する勾留請求棄却裁判に対する検察官の準抗告、これに対する本決定内容を詳しく紹介したものである。

　1）　本決定を導く過程での考慮事項

　　まず、本決定は、再度の勾留を禁止した規定はないことを指摘しつつ、法は例外的に同一被疑事実につき再度の勾留を認める理由として、「逮捕と勾留は相互に密接不可分の関係にあること」を挙げている。この点について、検察官の準抗告申立理由書が、「逮捕は勾留の前置手続ともいうべきものであって逮捕と勾留は被疑者の身柄に対する強制処分として相関関係」にあるため、「留置の必要のある事件において逮捕は認められるが勾留は認められないというが如く両者を切り離した制度としてみることは不合理であるから再度の逮捕が勾留請求に発展することもまた法の認容しているところといわねばならない。」との主張と共通な理解に立ったものといえる。

　2）　いかなる場合に再勾留が許されるか（考慮事項）

　　その上で、本決定は、いかなる場合に再勾留が許されるかについて、「先行の勾留期間の長短、その期間中の捜査経過、身柄釈放後の事情変更の内容、事案の軽重、検察官の意図その他の諸般の事情を考慮し、社会通念上捜査機関に強制捜査を断念させることが首肯し難く、また、身柄拘束の不当なむしかえしでないと認められる場合に限るとすべき」との要件を判示している。

　　この要件導出を提示したのは、先の勾留後の釈放の後、重大な犯罪であるなどにおいて、目撃者や共犯者の供述、鑑定結果等から新たな証拠の発見等の事情変更等が生じ、人権保障と事案の真相解明を図るため（刑訴法1条）、それが逮捕の不当な蒸し返しといえない場合に限って再勾留を認めたものと理解することができよう。本決定は、学説[24]においても支持されているものといえる。

　　本件事案においては、手製爆弾使用（死刑又は無期若しくは7年以上の懲役又は禁錮）の爆発物取締罰則違反事件という特殊な重大事案であり、かつ、前回の勾留当時

⒆　川出敏裕『判例講座　刑事訴訟法［捜査・証拠篇］』（立花書房、平成28年）80頁、安冨潔『刑事訴訟法講義第4版』（慶應義塾大学出版会、平成29年）91頁、深見翼［同一事実についての再逮捕］「別冊判例タイムズ34号」（平成24年）43頁。

に存在しなかった新たな証拠（その後の捜査によって、新たな共犯者が判明し、Xの関与（犯行の責任者・実行行為者）が判明し、捜査が進展しXの容疑が濃厚になったもので、強制捜査を一層図る必要性が高く、Xに対する再逮捕、再勾留を求めても、身柄拘束の不当な蒸し返しではないと認められたものであり、十分首肯できる決定と評価できる。

2　東京高裁昭和48年10月16日判決・刑事裁判月報5巻10号1378頁

判決要旨

　同一の被疑事実によって被疑者を再度にわたり逮捕することも、相当の理由がある場合には許されるとして、捜査主体の変更、新たな捜査主体と被疑者の居住地との地理関係、第一次逮捕後の日時の経過、捜査の進展に伴う被疑事実の部分的変更、逮捕の必要性等の諸点から相当の理由がある。

●●●●●●●●●●●●●●●●●●●●●●●●●●● **事案の概要** ●●●●●●●●●●●●●●●●●●●●●●●●●●●

　被疑者は、次の⑴の覚醒剤取締法違反の被疑事実について、大阪府警によって大阪地方裁判所裁判官の発した逮捕状により、昭和47年10月13日に逮捕された後10日間勾留されたが、処分保留のまま釈放されていたところ、さらに⑵の覚醒剤取締法違反の被疑事実について、警視庁碑文谷警察署によって東京簡易裁判所裁判官の発した逮捕状により昭和48年2月17日に逮捕され、同月19日いわゆる逮捕中求令状の形式で起訴され、同日発せられた勾留状により勾留されるに至ったものである。

⑴　**大阪府警による最初の逮捕（昭和47年10月13日の逮捕・第一次逮捕）の被疑事実**

　被疑者は法定の除外事由がないのに、営利の目的で昭和47年7月1日頃の午後3時頃、大阪市港区築港1丁目9番20号B方応接間においてBに対し代金後払いの約束で覚醒剤フェニルメチルアミノプロパン塩類を含有する粉末約300グラムを代金240万円で譲り渡したものである。

⑵　**警視庁による再度の逮捕（昭和48年2月17日の逮捕・第二次逮捕）の被疑事実**

　被疑者は法定の除外事由がないのに、昭和47年6月末頃の午前11時頃、大阪市港区築港1丁目9番20号Bに対し覚醒剤である塩酸フェニルメチルアミノプロパンを含有した白色粉末500グラムを譲り渡したものである。

　ただ、警視庁碑文谷警察署における第二次逮捕に際して、大阪府警において第一次逮捕がなされたことを了知していながら、裁判官に対して逮捕状を請求するに当たり、刑訴法199条3項、刑訴規則142条1項8号各所定の事項を逮捕状請求書に記載しなかった。

=========================== **裁判所の判断** ===========================

　前記(1)及び(2)の「両者を対比すると、覚せい剤をＢに譲り渡した点は共通であるが、その日時ならびに数量において若干の差異がみられる。この両者について同一性があるかどうかはともかくとして、同一の被疑事実によって被疑者を再度にわたり逮捕することも、相当の理由がある場合には許されるものと解すべきところ、関係記録によれば、前記第一次逮捕は大阪府警察本部の捜査官によってなされたものであり、被告人は、右逮捕に引続き10日間の勾留をうけ、その間取調をうけ被疑事実を認めていたのであったが、覚せい剤の流れた先についての捜査が未了であったことから、起訴、不起訴の処分が保留されたまま釈放になったこと、そして第二次逮捕は東京の警視庁碑文谷警察署の捜査官によってなされたものであり、同署は大阪府警とは別個に被告人をめぐる覚せい剤授受の件につき捜査を開始し、大阪府警の捜査とは重複しないように配慮しながら捜査を進め、覚せい剤授受の日時や数量などにつき第一次逮捕の際の被疑事実とは異なる事実の認められる疑いがあり、覚せい剤の流れた先が暴力団関係者であって、被告人がこれらの者と親交があって逃走、罪証隠滅などをはかる疑いもあったので、逮捕を必要と考え、裁判官から逮捕状の発布（ママ）を得て第二次逮捕をするに至ったこと、以上の諸事実が認められる。

　右の事実関係によって検討すれば、被告人に対する二度の逮捕が同一の被疑事実によるものであるとしても、捜査主体の変更、新たな捜査主体と被告人の居住地との地理関係、第一次逮捕後の日時の経過、捜査の進展に伴なう被疑事実の部分的変更、逮捕の必要性等の諸点からして、再逮捕をするにつき相当の理由がある場合に該当すると認められ、本件再逮捕は違法ではないと解される。ただ、前記碑文谷署の司法警察員は、先に大阪において第一次逮捕がなされたことを了知していながら、裁判官に対して逮捕状を請求するにあたり、刑訴法199条3項、刑訴規則142条1項8号各所定の事項を逮捕状請求書に記載しなかったことが、記録上明らかである。右の各条項によれば、第二次逮捕の被疑事実が第一次逮捕のそれと同一であると否とに拘らず、第一次逮捕の際の逮捕状発布（ママ）の事実を第二次逮捕の逮捕状請求書に記載すべきであるから、その記載を怠ったことは右の法や規則の定めに違反したものであり、第二次逮捕はその手続に違法があったといわなければならない。しかしながら、右刑訴法や規則の定めは、理由のない逮捕のくり返しを防ぐものであると解されるところ、既に検討したとおり、被告人に対する再度の逮捕が理由のない不当なものであったとは認められないのであるから、右手続の違法の点のみを理由として第二次逮捕を違法とし、その逮捕中に作成された供述調書の証拠能力を否定することはできない（最高裁判所昭和42年12月20日決定、刑事裁判集165号487頁参照）。原判決に所論の違法はなく、論旨は理由がない。」

東京高裁昭和48年10月16日判決の検討・評価

⑴　本件捜査手続における検察官の配慮（逮捕中求令状による起訴）

　被疑者は、顧客Bに対する覚醒剤取締法違反の被疑事実（覚醒剤の譲渡）について、大阪府警により昭和47年10月13日に通常逮捕（第一次逮捕）された後、10日間勾留されたが、処分保留のまま釈放されていたところ、さらに同一の被疑事実と思われる覚醒剤の譲渡について、警視庁碑文谷警察署によって昭和48年2月17日に通常逮捕（第二次逮捕）され、同月19日に、いわゆる逮捕中求令状の形式で起訴され、同日発せられた勾留状により勾留されるに至ったものである。

　ここで検察官が、第二次逮捕において検察官に対する身柄送致を受けた後にとった対応が、裁判所に勾留請求せずになされた「逮捕中求令状」の形式による起訴である。

　「逮捕中求令状」とは、いかなるものであるか。この点につき、「制限時間内に公訴が提起されたときは、裁判官が職権で勾留するかどうかを決定する（280②）が、実務上、検察官は、起訴後の勾留が必要であると認めるときは、『逮捕中求令状』の表示をし、裁判官の職権発動を求めている。」[25]、『逮捕中求令状』の場合における刑訴法280条2項につき、「裁判官が職権で勾留するか釈放を命ずるかの判断をすべき場合を規定したものである。実務上、起訴状中に『逮捕中求令状』と付記して公訴提起をする場合であるが、これは勾留に関し裁判官の職権発動を促す意味を表示するにすぎないものである。そして、裁判官が被告人の勾留の要否を判断した結果、勾留状を発しない場合には、職権を発動しないことであり、特段の裁判を要しないはずであるが、裁判官の判断のあるまで被告人の身柄の拘束状態が継続することになるので、勾留状を発しない場合は被告人の釈放命令を出すべきことを特に規定している。」[26]と説明されている。

　すると、警視庁碑文谷警察署が被疑者に対する第二次逮捕した後に、被疑者の身柄送致を受けた検察官としては、「逮捕中求令状」として起訴した背景には、本判決が判示したように二度の逮捕が「同一の被疑事実によるものであるとしても、捜査主体の変更、新たな捜査主体と被告人の居住地との地理関係、第一次逮捕後の日時の経過、捜査の進展に伴なう被疑事実の部分的変更、逮捕の必要性等の諸点からして、再逮捕をするにつき相当の理由がある場合に該当すると認められ、本件再逮捕は違法ではない」との理解のもとで、他面において、警視庁碑文谷署において、被疑者を通常逮捕するに当たり、先に大阪府警における第一次逮捕がなされていたことを認識していたにもかかわらず、被疑者の逮捕状を請求するに当たり、刑訴法199条3項、刑訴規則142条1項8号各所定の事項である「同

⑵　松尾浩也監修『条解刑事訴訟法　第5版』（弘文堂、2022年）431頁。

⑵　松尾・前掲注⑵612頁。

一の犯罪事実又は現に捜査中である他の犯罪事実についてその被疑者に対し前に逮捕状の請求又はその発付があったときは、その旨及びその犯罪事実」を当該令状請求書に記載していなかったことから、逮捕の不当な蒸し返しとの指摘を回避するために、被疑者に対する勾留請求（刑訴法204条）をすることなく、「逮捕中求令状」の措置をとったものと考えられる。

⑵　本判決を踏まえた実務上の配慮

本判決が指摘するまでもなく、通常逮捕状の請求（刑訴法199条）に際しては、「同一の犯罪事実についてその被疑者に対し前に逮捕状の請求又はその発付があったときは、その旨を裁判所に通知しなければならない。」（同条3項）。本項を踏まえ、刑訴規則142条は、逮捕状請求書の記載事項及び令状発付要件たる事項として、同条1項8号において、「同一の犯罪事実又は現に捜査中である他の犯罪事実についてその被疑者に対し前に逮捕状の請求又はその発付があったときは、その旨及びその犯罪事実」として、「同一の犯罪事実」だけでなく、「現に捜査中である他の犯罪事実」についても前に逮捕状の請求又はその発付があったときは、その旨及びその犯罪事実の記載を義務づけていることを再確認すべきである。

このように、被疑者に対する再度の逮捕状の請求につき、かかる規定を設けた趣旨について、「逮捕の不当なむし返しを防止するために通知義務を課したものである。同一犯罪事実について二度以上逮捕状を請求することも、発付することも差し支えないが、一度逮捕された後釈放された被疑者を同一犯罪について再度逮捕することは、特別の事情のない限り、前の逮捕のむし返しとして禁止されるものといわねばならない。特別の事情としては、一概にはいえないが、重大な事犯につき逮捕して取り調べたが公訴提起に十分な証拠が得られなかったために釈放したところ、後に共犯者の自白が得られるなど新たに有力な証拠が発見された場合などが考えられよう。規142条1項8号は、同一犯罪事実だけではなく他の犯罪事実についても前に逮捕状の請求または発付のあったことの通知を求めている。不要な人身拘束の繰返しを防ぐため、逮捕の必要性を慎重に吟味することを可能とする趣旨である。」[27]と説明されている。

本判決は、「最高裁判所昭和42年12月20日第二小法廷決定（刑事裁判集165号487頁参照）」[28]のもとで、第一次逮捕の際の逮捕状発付の事実を第二次逮捕の逮捕状請求書に記載

⑵7　松尾・前掲注⑵5421頁。

⑵8　「原決定が、その認定した本件の捜査における具体的状況のもとにおいて、原判示第二の逮捕状（昭和42年9月29日発付の分）による被告人の逮捕が、いわゆる逮捕のむしかえしによる逮捕権の濫用とは認められないから、右逮捕状の請求書に刑訴規則142条1項8号所定の事項の記載を欠いていても、右の逮捕およびこれにひきつづきなされた本件の勾留が違法ではないとした判断は相当である。したがって、右の逮捕が違法であることを理由とする所論違憲の主張は、前提を欠き、適法な特別抗告の理由とならない。」（収賄被疑事件につき、昭和42年11月7日京都地方裁判所がした準抗告棄却決定に対する弁護人からの特別抗告の申立に対し「本件抗告を棄却する。」との最高裁決定）

すべきであるにもかかわらず、その記載を怠ったことは刑訴法や刑訴規則の定めに違反し、第二次逮捕はその手続に違法があったといわなければならないとしつつも、「刑訴法や規則の定めは、理由のない逮捕のくり返しを防ぐものであると解される」が、被疑者に対する「再度の逮捕が理由のない不当なものであったとは認められない」、そして「その逮捕中に作成された供述調書の証拠能力を否定することはできない」と判断したものである。

　よって、同一の被疑事実において、再度の逮捕が認められるかどうかについては、刑訴法199条3項、刑訴規則142条1項8号の記載要件とともに、当該被疑事実につき逮捕し、取り調べたが公訴提起に足る十分な証拠が得られなかったため釈放した後に、新たな共犯者の自白が得られるなど有力な証拠が発見された場合、第一次逮捕後の日時の経過、捜査の進展に伴う被疑事実の部分的変更、再度の逮捕の相当の理由と必要性があると認められた場合、第二次逮捕が不当な蒸し返しとならないか否かを慎重に判断する必要があるといえる。

4　任意同行・取調べと逮捕

1　高松地裁昭和43年11月20日決定・下級裁判所刑事裁判例集10巻11号1159頁

決定要旨

　出頭の求めに素直に応じた被疑者の周囲に捜査員3名が寄り添って看視し、いつでも携行の逮捕状により逮捕できる態勢の下に車両で警察署に連行したことは、その後の取調べ状況等にも照らすと、実質的にみて、有形力の行使と同視すべき無形的方法による身体拘束状態の連行で、その際逮捕がなされたものといえる。

・・・・・・・・・・・・・・・・・・・・・・・・・・・ 事案の概要 ・・・・・・・・・・・・・・・・・・・・・・・・・・・

(1)　香川県高松北警察署司法警察員Oは、昭和43年11月14日、被疑者X（以下「X」という。）に対する収賄被疑事件につき、高松地方裁判所裁判官に対し、罪証隠滅のおそれがあるとして、有効期間7日間の逮捕状の発付を請求し、同日、同裁判所裁判官より逮捕状が発付された。なお、同日、当該被疑事件につき、X宅及びXの勤務する愛媛県周桑郡の乙町役場の各捜索差押許可状の発付の請求も同裁判所裁判官に対してなされ、同日発付された。

(2)　翌15日早朝、高松北警察署に応援派遣の香川県警察本部刑事部捜査第二課司法警察員S警部ほか10名の捜査員が出発し、同日午前7時30分頃、愛媛県壬生川警察署に到着した。S警部の指揮により、香川県警察本部刑事部捜査第二課司法警察員T警部補は、Xに対する前記逮捕状を携行し、ほか2名の捜査員とともに、愛媛県周桑郡乙町地内のX宅に赴き、同日午前7時50分頃、X宅に着くと、T警部補はXに対し、警察手帳を示してその身分を明らかにした上、「乙町の農業構造改善事業の件で、壬生川警察署まで出頭してもらいたい。」旨申し入れた。

(3)　Xは、その時、丁度起床して洗顔中であったが、5分ないし10分のうちに着替えをし、T警部補らに寄り添われた形で同警部補らの車両で、同日午前8時15分頃、壬生川警察署に出頭し、同警部補ほか1名にその前後を付き添われて、直ちに同警察署2階の取調室に入り、同警部補の取調べを受けた。

(4)　一方、前記S警部指揮下の捜査員6名は、X宅及び乙町役場の前記各捜索差押許可状の執行に当たり、X宅に赴いた捜査員は、Xの妻が留守であったため、同日午前10時5分から、また乙町役場に赴いた捜査員は、同日午前9時10分から、それぞれ捜索差押許可状の執行に着手した。

(5)　Xは、壬生川警察署の前記取調室において、同日午前9時頃に朝食を、同日午後零時30分頃に昼食をT警部補とともにとったほかは、引き続き同警部補の取調べを受けたが、

44

同日午後2時30分に至って初めて逮捕状の執行を受けた。

(6)　その後、間もなくXは、壬生川警察署から車両にてT警部補ほか3名に付き添われて、同日午後6時1分高松北警察署に引致された。そして、翌々日である11月17日午後1時40分、Xは、高松地方検察庁検察官に送致する手続をとられた。

(7)　高松地方検察庁検察官は、翌18日午前9時50分、Xに対する収賄被疑事件につき、高松簡易裁判所裁判官に対し、勾留請求をしたところ、裁判官は、Xは11月15日午前7時50分頃には逮捕の状態にあったものと認められる、として勾留請求を却下した。

　　　このため、同検察官は「勾留請求却下の裁判に対する準抗告」の申立を行った。

============================ 裁判所の判断 ============================

「　　　　主　文

　　　　　本件準抗告の申立を棄却する。　　」

「右認定事実によれば、担当捜査官は、被疑者を壬生川警察署に連行する際、手錠その他の有形力を行使する方法により被疑者の身体の自由を拘束してはいないが、被疑者に対し、壬生川警察署まで出頭を促しこれに素直に応じた被疑者の周囲に警察官3名が寄りそって看視し、いつでも携行の逮捕状により逮捕できる態勢をとりながら、被疑者を壬生川警察署まで連行し、直ちに、同警察署2階の取調室において、逮捕状を執行した当日午後2時30分まで、朝食および昼食をとらせたほかは、終始被疑者の取調にあたったものであり、表面上は、任意同行の形式がとられているけれども、右連行の態様およびその後の取調の状況に照らすと、被疑者は、身体の拘束に対する拒否の自由を失っていたものと認めるのが相当であり、実質的にみて、捜査官による壬生川警察署への被疑者の連行は、任意同行ではなく、いわば有形力の行使と同視すべき無形的方法による身体拘束の状態により被疑者を連行したものというべきである。……前記のとおり被疑者の取調をする一方捜索・差押許可状の執行が時を移さずなされ強制捜査に出ていることは、被疑者の連行が逮捕と同一視すべきものであったことを窺わせるに足りるものというべきである。したがって、名は任意同行とはいえ、実質的、客観的には、右連行の際に被疑者に対する逮捕がなされたものと認めざるを得ないのである。

　　そうだとすれば、被疑者は、昭和43年11月15日午前7時50分ごろにすでに逮捕された状態にあったものというべく、したがって、同年同月18日午前9時50分高松簡易裁判所裁判官に対し勾留請求がなされたときは、既に刑事訴訟法205条2項に定める被疑者の身体の拘束時間を超えていたことが明らかである。

　　なお、本件記録を検討しても、検察官または司法警察員が刑事訴訟法205条に定める時間の制限に従わなかったことにつき、同法206条所定のやむを得ない事由が存在したこと

につき、これを認めるに足る疎明はない。」

　「以上のとおり、被疑者に対する本件勾留請求は不適法であるから、勾留の理由、必要性を判断するまでもなく、右勾留請求は、これを却下すべきものであり、したがって、右請求を却下した原裁判は適法かつ相当であるから、本件準抗告の申立は、これを棄却することとし、刑事訴訟法432条、426条１項を適用して、主文のとおり決定する。」

高松地裁昭和43年11月20日決定の検討・評価

⑴　犯罪捜査の必要から任意同行を求めることのできる法的根拠

　被疑者の出頭及びその取調べにつき、「検察官、検察事務官又は司法警察職員は、犯罪の捜査をするについて必要があるときは、被疑者の出頭を求め、これを取り調べることができる。但し、被疑者は、逮捕又は勾留されている場合を除いては、出頭を拒み、又は出頭後、何時でも退去することができる。」との刑訴法198条１項を根拠に、出頭を求める態様の一つとして、「任意同行」がある。

　犯罪捜査における任意同行とは、「本条によって被疑者の出頭を求めるにあたって、捜査官が被疑者の居所等まで赴き、被疑者に関係官署までの同行を求めることをいう」（松尾浩也監修『条解刑事訴訟法　第５版』（弘文堂、2022年）413頁）。

　本件事案のように、逮捕状が発付されている場合に、家族等に逮捕された姿をさらさないという配慮や、誤認逮捕を防止し、また、逮捕の必要性を確認する場合などから、逮捕に慎重を期するため、実務上も任意同行という方法がとられている。

⑵　任意同行と逮捕との識別（判断要素）

　もっとも、刑訴法198条１項但し書において、「被疑者は、逮捕又は勾留されている場合を除いては、出頭を拒み、又は出頭後、何時でも退去することができる。」との規定から、捜査官としては、被疑者が当該同行を拒否し、出頭後何時でも退去しえる状況に配慮しなければならず、仮に同行又は出頭後の退去が拒否しえない状態を作出したような場合には、その時点から実質上の「逮捕」と評価されることになる。

　では、当該任意同行と逮捕との識別（判断要素）をどのように考えるかについて、「その客観的事情としては、①同行を求めた時刻・場所（夜間や深夜、遠距離の同行は強制的性格を強める。）、②同行の方法・態様（警察官の人数や態度、監視状況等）、③同行後の取調べ時間・監視状況（早朝や深夜、長時間の取調べの有無、さらには取調べの前後・用便や休憩の際の監視状況）、④逮捕状が発付されていた、あるいは逮捕可能な嫌疑があったにもかかわらず任意同行が行われた場合、その合理的理由があったか（あえて正式な逮捕を遅らせる事実上の身体拘束を意図していたか。）、⑤被疑者の同行拒否や退去希望の有無・内容、⑥被疑者の属性（年齢や性別、職業など）」[29]があげられる。

特に、あらかじめ逮捕状を用意している場合に、直ちに逮捕しないで家族等への被疑者の名誉に配慮する必要性や、被疑者の弁解を聞いた上で更に逮捕すべきかどうか検討する必要性があったことなどを考慮し、任意同行を求めたとしても、同行後の取調べ時間、監視状況等の視点から、「同行後長時間の取調べが行われた場合は、時間稼ぎとされ、同行時から実質逮捕であったと評価されることがある。」[30]との各指摘に特に留意すべきである。

(3)　本決定の事案

Xに対する任意同行の前日に、Xにかかる収賄被疑事件の逮捕状、X宅及びXの勤務先である乙町役場の各捜索差押許可状の発付を得ており、強制捜査の体制を整えた。その後、逮捕当日は捜索差押と並行し、午前7時50分頃捜査員がX宅に赴き、Xに対し警察署まで出頭を促し、これに応じたXの周囲に捜査員3名が寄り添って監視し、同署2階取調室において、逮捕状を執行した午後2時30分まで、朝食および昼食をとらせたほかは、終始被疑者の取調べに当たったという経緯である。

本決定は、当該捜査手続について、表面上は、任意同行の形式がとられているが、同行の態様、その後の取調べの状況（同行後6時間40分後に逮捕）、併せてX宅及び乙役場に対する捜索差押許可状の執行が時を移さずなされていることに照らし、Xの任意同行の時点で、実質的、客観的には、逮捕行為がなされたものと評価したものである。

本件はXに対する収賄被疑事件である（贈賄側の捜査経過は判然としない。）が、賄賂事件についての捜査は、事前に関連先への捜索差押を先行し関連資料を確保、分析検討した後に、逮捕状請求するなどの手法があるが、事件態様によりその捜査手法は多様である。

ただ、被疑者に対する逮捕状の発付を得て任意同行を求めた場合、本決定のような疑念を避けるため、その取調べにおいて、いつの時点で当該令状を執行すべきかどうかについては、取調べ状況等を踏まえ、できるかぎり早急に判断すべきことになる。

2　富山地裁昭和54年7月26日決定・判例時報946号137頁

決定要旨

　自宅から警察署に同行される際には物理的な強制は加えられていないが、同行後の警察署における取調べは午前8時頃から翌日の午前零時過ぎ頃までの長時間にわたり事実上の監視付きで断続的に続けられ、しかも夜間に入っても帰宅の意思を確認したり、退室や外部との連絡の機会を与えていない場合、このような取調べは、仮に被疑者から帰宅等につき明示の申出がなかったとしても、ほかに特段の事情が認められない限り、任

---

(29)　『刑事訴訟法判例百選［第10版］』（斎藤司「5　任意同行と逮捕」）13頁。

(30)　幕田英雄『実例中心捜査法解説　第4版』（東京法令出版、平成31年）105頁。

意の取調べとはいえず、少なくとも夕食時である午後7時以降の取調べは、実質的には逮捕状によらない違法な逮捕状態でなされたものである。

・・・・・・・・・・・・・・・・・・・ 事案の概要 ・・・・・・・・・・・・・・・・・・・

(1)　被疑者X（以下「X」という。）は、昭和54年7月23日午前7時15分頃、出勤のため自家用車で自宅を出たところ、捜査員から停止を求められ、「事情を聴取したいことがあるので、とにかく同道されたい」旨同行を求められた。

(2)　Xが同車でついていく気配を見せると、捜査員から警察車両に同乗すること、X車両は捜査員が代わって運転していく旨説明したので、Xは言われたとおり警察車両に同乗して同日午前7時40分頃、富山北警察署に到着した。

(3)　その後、同署刑事課第三取調室において、直ちにXに対する取調べが開始され、昼・夕食時に各1時間など数回の休憩をはさんで翌24日午前零時過ぎ頃まで断続的に続けられた。その間取調室には取調官のほかに、立会人1名が配置され、休憩時あるいは取調官が所用のため退出した際にも同人が常にXを監視し、Xは用便のときのほかは一度も取調室から外に出たことはなく、用便のときも立会人が同行した。

(4)　他方、捜査官は同日午後10時40分、富山地方裁判所裁判官に対し、通常逮捕状の請求をなし、その発付を得て、翌24日午前零時20分頃、逮捕状を執行した。そして、同日午後3時30分、富山地方検察庁検察官に送致され、同庁検察官は同日午後5時15分、富山地方裁判所裁判官に対し勾留請求をなしたが、同月25日同裁判所裁判官は、「先行する逮捕手続に重大な違法がある」との理由で勾留請求を却下する旨の裁判をなした。

＝＝＝＝＝＝＝＝＝ 裁判所の判断 ＝＝＝＝＝＝＝＝＝

「　　　　主　　文
　　　　本件準抗告の申立を棄却する。　　」

「二、　以上の事実によると、当初被疑者が自宅前から富山北警察署に同行される際、被疑者に対する物理的な強制が加えられたと認められる資料はない。しかしながら、同行後の警察署における取調は、昼、夕食時など数回の休憩時間を除き同日午前8時ころから翌24日午前零時ころまでの長時間にわたり断続的に続けられ、しかも夕食時である午後7時ころからの取調は夜間にはいり、被疑者としては、通常は遅くとも夕食時には帰宅したいとの意向をもつと推察されるにもかかわらず、被疑者にその意思を確認したり、自由に退室したり外部に連絡をとったりする機会を与えたと認めるに足りる資料はない。

　右のような事実上の看視付きの長時間の深夜にまで及ぶ取調は、仮に被疑者から帰宅ないし退出について明示の申出がなされなかったとしても、任意の取調であるとする他の特

段の事情の認められない限り、任意の取調とは認められないものというべきである。

　従って、本件においては、少なくとも夕食時である午後7時以降の取調は実質的には逮捕状によらない違法な逮捕であったというほかはない。

　三、本件においては逮捕状執行から勾留請求までの手続は速かになされており実質逮捕の時点から計算しても制限時間不遵守の問題は生じないけれども、約5時間にも及ぶ逮捕状によらない逮捕という令状主義違反の違法は、それ自体重大な瑕疵であって、制限時間遵守によりその違法性が治ゆされるものとは解されない、けだし、このようなことが容認されるとするならば、捜査側が令状なくして終日被疑者を事実上拘束状態におき、その罪証隠滅工作を防止しつつ、いわばフリーハンドで捜査を続行することが可能となり、令状主義の基本を害する結果となるからである。

　以上の事実によれば、本件逮捕は違法であってその程度も重大であるから、これに基づく本件勾留請求も却下を免れないものというべきである」

富山地裁昭和54年7月26日決定の検討・評価

　本決定は、いまだ逮捕状の発付を得ていないところ、早朝に任意同行しての取調べ中の夜間に通常逮捕状の発付を求めて逮捕したが、ある一定の時点から実質的逮捕に当たると認定し、勾留請求が当該時点から制限時間（48時間）内になされたとしても、約5時間に及ぶ逮捕状によらない逮捕という令状主義違反の違法、それ自体重大であるとして、勾留は許されないとして（検察官の）準抗告を棄却したものである。

⑴　前掲・「高松地裁昭和43年11月20日決定」と「本決定」との違い

　高松地裁昭和43年11月20日決定（以下「高松地裁決定」という。）と「本決定」との違いは、任意同行の形式は同様であるが、高松地裁決定の事案では捜査機関が既に逮捕状等の発付を得ていた上での任意同行であるのに対し、本決定の事案（なお、Xに対する被疑事実の内容は不明である。）は、いまだ逮捕状の発付を得ていなかったものである。

　つまり、任意同行を求めた当日の午前7時40分に警察署に到着後、直ちに（午前8時頃から）取調べを開始し、午後10時40分に裁判所に通常逮捕状の請求を行い、その発付を得て翌日午前零時20分頃執行している。

⑵　本決定における裁判所の考え方（争点）

　本決定における争点は、1）任意同行（取調べ）と実質的逮捕との区別をどのように考えるか。2）任意同行の下での取調べに当たり、実質的逮捕と認められた時点から48時間以内において勾留請求がなされた場合の勾留請求の可否が問題となる。

　1）　任意同行（取調べ）と実質的逮捕との区別の基準の考え方

　　本件では、Xが車両で自宅を出たところ、捜査員から「事情を聴取したいことがあ

る」旨告げられ、任意同行を求められていることからすると、警職法上、「何らかの犯罪を犯し、若しくは犯そうとしていると疑うに足りる相当な理由のある者」（2条1項）に対する同行要求ではなく（2条2項）、特定の嫌疑に基づき刑訴法197条1項本文による「捜査については、その目的を達するため必要な取調をすることができる。」、さらには、198条1項本文による捜査官は「犯罪の捜査をするについて必要があるときは、被疑者の出頭を求め、これを取り調べることができる。」とする任意捜査の一環としたものである。

　では、そうとしても、刑訴法198条1項但し書において、「被疑者は、逮捕又は勾留されている場合を除いては、出頭を拒み、又は出頭後、何時でも退去することができる。」との規定から、捜査官としては、被疑者が当該同行を拒否し、出頭後何時でも退去しえる状況に配慮しなければならず、仮に同行又は出頭後の退去が拒否しえない状態を作出したような場合には、その時点から実質上の「逮捕」と評価されよう。

　では、当該任意同行と逮捕との識別（判断要素）をどのように考えるかについて、前掲・高松地裁決定の解説において触れたとおり、「その客観的事情としては、①同行を求めた時刻・場所（夜間や深夜、遠距離の同行は強制的性格を強める。）、②同行の方法・態様（警察官の人数や態度、監視状況等）、③同行後の取調べ時間・監視状況（早朝や深夜、長時間の取調べの有無、さらには取調べの前後・用便や休憩の際の監視状況）、④逮捕状が発付されていた、あるいは逮捕可能な嫌疑があったにもかかわらず任意同行が行われた場合、その合理的理由があったか（あえて正式な逮捕を遅らせる事実上の身体拘束を意図していたか。）、⑤被疑者の同行拒否や退去希望の有無・内容、⑥被疑者の属性（年齢や性別、職業など）があげられる」。

　本決定において重視したのは、上記の③同行後の取調べ時間・監視状況、④逮捕状が発付されていた、あるいは逮捕可能な嫌疑があったにもかかわらず任意同行が行われた場合、その合理的理由があったか、についてである。

　まず、同行を求めた時間は午前7時15分頃の出勤時であり、日常、通常人も起床し、通勤のための時間帯であり、任意同行を求められた際に自ら警察車両に乗り込んでいることから、強制的意味合いはないといえる。また、出頭を求めた警察署には、25分後の午前7時40分頃に到着しており、距離的にも必ずしも遠距離とまではいえないといえる。本決定もこのような事情を踏まえ、「当初被疑者が自宅前から富山北警察署に同行される際、被疑者に対する物理的な強制が加えられたと認められる資料はない。」と判示している。

　もっとも、捜査員はXに対し、任意同行を求めるに当たって、「事情を聴取したいことがあるので、とにかく同道されたい」旨申し向けているが、当該任意同行に応ず

るか否かの判断（任意性確保）の視点から、少なくとも「何々の件で、事情を聞かせてもらいたい。」程度の用件の告知は相手方に提示する必要はあろう。

ア　同行後の取調べ時間・監視状況（③）について

　同行後の取調べの態様をみると、「昼、夕食時に各1時間など数回の休憩をはさんで翌24日午前零時すぎころまで断続的に続けられ」、「取調室には取調官のほかに立会人1名が配置され」、立会人が「常にXを看視し」ており、「Xは用便のときのほかは一度も取調室から外に出たことはなく」、Xの「便所に行くときも立会人が同行した。」という状況であった。

　このような取調べの態様について、本決定は、特に、午後7時頃に至った場合、通常遅くとも、夕食時頃には帰宅したいとの意向をもつと推察されるところであるとして、取調官において、Xに「その意思を確認したり、自由に退室したり外部に連絡をとったりする機会を与えたと認めるに足りる資料はない。」と指摘し、「任意の取調であるとする他の特段の事情の認められない限り、任意の取調とは認められないものというべきである。」と判断し、本件においては「少なくとも夕食時である午後7時以降の取調は実質的には逮捕状によらない違法な逮捕であったというほかはない。」と評価した。

　本決定の事案において、午後10時40分に裁判所（裁判官）に通常逮捕状の請求をしていることからすると、その頃にXの自供を得たか、直接、自供がなくとも、アリバイの不存在、あるいは客観資料の符合などのために、令状請求に至ったものと推測される。

　仮に本決定の事案のように、当該事案の被疑事実につき、いまだ令状発付を得ていない段階で、重要参考人として任意出頭を求めての夜間に及ぶ事情聴取に際し、留意すべきことは、本決定も指摘するように、午後7時頃に至った場合、通常の社会生活においては、夕食時頃には帰宅したいとの意向をもつと推察されるであることを念頭に、相手方に引き続き事情聴取に応ずることの意思確認をし、あるいは家族への連絡の機会を与えるなどの配慮が求められよう（本事案においては、その意思を確認したり、外部に連絡を取ったりするなどの機会を与えることがなされていない。）。

+α プラス・アルファ

「被疑者取調べ適正化のための監督に関する規則」（平成20年国家公安委員会規則第4号）に定める取調担当者が被疑者に対して行う監督対象行為　（殊更に不安を覚えさせ、又は困惑させるよう

な言動をすることなど6項目）に抵触することのないよう留意しなければならない。
　また、犯罪捜査規範（昭和32年国家公安委員会規則第2号）168条［任意性の確保］[31]にも配慮しなければならない。

　　イ　逮捕状発付がなされていない場合における、任意同行に合理的理由が存在したか（④）について

　　　本決定文からは、Xに対する被疑事実の内容が言及されていないため不明であるが、捜査員がXの自宅を午前7時15分頃に訪れ、任意同行に及んでいることからすると、いまだ逮捕状の発付を得ていないが、重要な捜査対象者であったことがうかがわれる。そのことからすると、Xに対する令状発付のための一定の疎明資料を有するも、なお「相当な理由」を疎明するには不十分であったため、事情聴取を必要としていたものと推測される。

　　　その後、午後10時40分に裁判所（裁判官）に通常逮捕状を請求したところをみると、Xの自供、あるいは直接の自供がなくとも、事情聴取を通じて客観資料が得られたため、令状請求に至り、当該令状が発付されたことからすると、任意同行に「合理的理由が存在した」ものといえる。

2）　任意同行の下での取調べに当たり、実質的逮捕と認められた時点から48時間以内において勾留請求がなされた場合の勾留請求の可否の問題

　　ア　既に逮捕状の発付を受けていた場合

　　　既に逮捕状の発付を受けているが、直ちに執行することなく任意同行を求め（家族等に逮捕された姿をさらさないという配慮、誤認逮捕の防止など逮捕に慎重を期するため）、任意取調べを行った場合に、その間に実質的に逮捕と認められた時点から、制限時間（48時間）内に送致がなされていれば、重大な違法はないとして勾留が認められるのが実務の大勢といってもよい。

　　イ　逮捕状の発付を受けていない場合

　　　逮捕状の発付を受けていない場合が本決定の事例である。この点につき、本決定

---

(31)　犯罪捜査規範168条
　　1項　取調べを行うに当たっては、強制、拷問、脅迫その他供述の任意性について疑念をいだかれるような方法を用いてはならない。
　　2項　取調べを行うに当たっては、自己が期待し、又は希望する供述を相手方に示唆する等の方法により、みだりに供述を誘導し、供述の代償として利益を供与すべきことを約束し、その他供述の真実性を失わせるおそれのある方法を用いてはならない。
　　3項　取調べは、やむを得ない理由がある場合のほか、深夜に又は長時間にわたり行うことを避けなければならない。この場合において、午後10時から午前5時までの間に、又は1日につき8時間を超えて、被疑者の取調べを行うときは、警察本部長又は警察署長の承認を受けなければならない。

の時間的経過を確認すると次のように整理できる。

㋐　Xに対する任意同行

　　午前7時15分頃、Xに対し警察署への同行要請、午前7時40分頃、警察署に到着し、直ちにXは取調室において取調べを受ける。

㋑　Xに対する取調べの状況

　　取調べは、昼、夕食時に各1時間など数回の休憩時間を除き、午前8時頃から翌24日午前零時すぎ頃までの長時間にわたり断続的に続けられた。その間取調室には取調官のほかに、立会人1名が配置され、休憩時あるいは取調官が所用のため退室した際にも同人が常にXを看視し、Xは用便のときのほかは一度も取調室から外に出たことはなかった（用便のときも立会人が同行した。）。

　　本決定は、「夕食時である午後7時以降の取調は実質的には逮捕状によらない違法な逮捕であった」と判断した。

㋒　逮捕状の請求・執行、送致等

　　午後10時40分、富山地方裁判所裁判官に通常逮捕状を請求し発付を受けた。翌24日午前零時20分頃、逮捕状を執行、その後、午後3時30分に富山地方検察庁検察官に送致、同庁検察官は同日午後5時15分に富山地方裁判所裁判官に対し勾留請求をした。しかし、25日同裁判所裁判官は、「先行する逮捕手続に重大な違法がある。」との理由で勾留請求を却下した。

㋓　本決定の特徴

　　実質的逮捕（午後7時以降）から逮捕状による逮捕（午前零時20分頃）まで約5時間、検察官への送致まで約20時間30分、検察官送致から勾留請求まで約1時間45分、という状況である。

　　本決定は、任意同行を実質上逮捕にあたると認定し、48時間以内に送致がなされても勾留は許されないとしたものである。類似の事案（青森地裁昭和52年8月17日・勾留裁判に対する準抗告申立事件（判例時報871号113頁）においても、裁判所は、「令状主義にもとり、逮捕前置主義を厳格に適用して勾留の段階で手続の適否について事後の司法審査に服せしめるという点から、逮捕状に基づかない違法な逮捕は本件のように長時間しかも夜間に及ぶ取調べはそれ自体重大な瑕疵であって、48時間以内の制限時間に従った送致手続の有無によって何ら影響を受けるものではない。」とした決定があり、「本決定」と同様な立場に立つもので、取調べ時間を含む取調べ態様等には、特段の留意が求められる。

　本決定と類似する比較検討の判決（東京高裁昭和54年8月14日判決・判例時報973号130頁）

⑴　東京高裁判決の事案・判決要旨

《概　要》

　昭和53年7月14日午後3時24分頃、長野県飯山市内において、窃盗事件の犯人が車両で逃走し、警察官に途中で発見されたため、車両を放置し、山林に逃げ込んだ。このため、捜査員（巡査部長ら）は午後8時過ぎ頃、飯山線甲駅で張込み中、手配犯人に酷似しているYを発見し、ズボンが濡れて足の方が泥で汚れているなどしたため、近くの駅待合室において職務質問を行ったが、氏名等を答えず、所持していた失効の運転免許証、出所証明書からYの人定、約1週間前に刑務所出所等が判明した。このため同所は一般人が通行する場所であるなどから最寄りの駐在所に同行を求めるとXは承諾した。

　その後、午後10時半頃、長野県警察本部から応援に来ていた捜査員（警部補）は、Yの容疑が濃厚となったため継続して取調べをする必要があることから、捜査員（警部補）が飯山警察署に同行を求めたところ、Yは同行を承諾する意思はなかったが、半ば自棄的になり勝手にしろといった調子で、「どこへでも行ってよい。」旨述べたことから、承諾したものと考え、午後11時頃、捜査用車両の後部座席中央にYを乗せ、その両側に捜査員（警部補ら）2名がYを挟むようにして乗り、合計5名の捜査員が同乗して駐在所を出発し、午後11時50分頃、飯山署に到着した。Yは取調べに対し、否認を続けていたが午前零時を過ぎた頃、「既に逮捕しているなら遅いから留置場で寝かせてほしい。まだ逮捕していないなら帰らせてもらう。」旨述べて椅子から立ち上がったが止められるということもあった。しかし、否認のまま、通常逮捕状が発付され、翌15日午前2時18分に逮捕され、16日午後1時に検察庁に送致され、勾留請求がなされ勾留状が発付され、同日午後4時18分に勾留状の執行がなされた。その後の勾留中に、自白したことから、供述調書が作成された。Yは第一審で窃盗罪により有罪とされたが、本件任意同行が実質的逮捕に当たり、違法逮捕後の勾留中に得られた自白調書の証拠能力を否定されるべき旨主張し、控訴した。

《東京高裁判決要旨・控訴棄却》

　「被告人を前記駅付近から同駅待合室へ、同所から更に乙駐在所へ同行した一連の行為は、その経過・態様に照らし警察官職務執行法2条2項の任意同行に該当し何ら違法の点は認められないが、少なくとも同駐在所から飯山署に向かうべく被告人をいわゆる覆面パトカーに乗せてからの同行は、被告人が始めに『どこにでも行ってよい』旨述べたとはいえ、その場所・方法・態様・時刻・同行後の状況等からして、逮捕と同一視できる程度の強制力を加えられていたもので、実質的には逮捕行為にあたる違法なものといわざるをえない。

　しかし、当時警察官は緊急逮捕はできないと判断していたのではあるが、前記の諸事情、特に、買物袋窃取の犯人が乗って逃走した自動車をその２、３時間後に被告人が運転しており、しかも警察官の停止合図を無視して逃走したこと、約１週間前に遠隔地の刑務所を出所したばかりで、しかも運転免許をもたない被告人が数時間前に盗まれた自動車を運転していたことなどからすると、右実質的逮捕の時点において緊急逮捕の理由と必要性はあったと認めるのが相当であり、他方、右実質的逮捕の約３時間後には逮捕令状による通常逮捕の手続がとられていること、右実質的逮捕の時から48時間以内に検察官への送致手続がとられており、勾留請求の時期についても違法の点は認められないことを合わせ考えると、右実質的逮捕の違法性の程度はその後になされた勾留を違法ならしめるほど重大なものではないと考える。また他に右勾留を違法無効とするような事情は記録上何ら認められない。したがって、逮捕の違法を理由として右勾留中に作成された被告人の供述調書（所論指摘の自白調書）を違法収集証拠であるとする所論は失当である。」

《東京高裁判決のポイント》

　午後11時頃に捜査用車両で駐在所から警察署に同行した時点で、同行の態様等からして実質的逮捕があったとしたが、翌15日午前２時18分に（通常逮捕状の発付を得て）通常逮捕、16日午後１時に検察官送致後、勾留請求がなされ勾留状が発付され、同日午後４時18分に勾留状の執行がなされた、という経過であった。すると、実質的逮捕（捜査用車両で同行した時点）から通常逮捕まで３時間18分、検察官送致まで38時間、検察官送致から勾留状執行まで３時間18分となる。

⑵　**逮捕にどの程度の違法があった場合に勾留が認められなくなるか**

　１）　基本的な視点

　　逮捕前置主義のもとで、逮捕に至る間にどの程度の違法があった場合に勾留が認められなくなるか。この点に関する刑訴法上、明文の規定がなく、また直接言及した最高裁判例もないため、これをどのように考えるかの問題である。基本的には、被疑者の逮捕行為は、もとより令状主義が厳に服する場面であるから、逮捕手続の違法が勾留請求を却下すべきほどの重大なものと認められるか否か、つまり、令状主義の精神に悖るほどの違法が存したか否かの視点から判断することになろう。

　　そこで、この問題を考える素材として、本決定と東京高裁判決とを比較することで、実務上の指針としたい。

　ア　本決定の時間的経過の整理

　　本決定事案の具体的な被疑事実は不明（なお、（『刑事訴訟法判例百選［第10版］』（斎藤司「5　任意同行と逮捕」）13頁も、「本件の被疑事実は不明」としている。）であるが、捜査員が午前７時15分頃、Xに対する逮捕状の発付を得ることなく、任

意同行を求めるためX宅を訪れていることからすると、Xには相応の被疑事実を前提とする重要参考人であったことがうかがわれる。そして、前述したとおり終日取調べを受ける中で、午後10時40分、通常逮捕状の請求・発付、翌日の午前零時20分頃に逮捕状を執行後、午後3時30分に検察官に身柄送致、検察官は同日午後5時15分に裁判官に対し勾留請求という経過である。

　これを前記㈍で整理したとおり、裁判所が認定したように午後7時以降の取調べは実質的逮捕と評価し、実質的逮捕と評価された午後7時以降から逮捕状による逮捕（午前零時20分頃）まで約5時間、検察官への送致まで約20時間30分、検察官送致から勾留請求まで約1時間45分、という状況である。

イ　東京高裁判決の時間的経過の整理

　同様に、東京高裁判決の時間的経過を整理すると、前記《判決のポイント》で言及したとおり、裁判所は、午後11時頃に捜査用車両で駐在所から警察署に同行した時点で、同行の態様等からして実質的逮捕があったとした。

　翌日午前2時18分に（令状請求し）通常逮捕、翌々日午後1時に検察官に身柄送致後に勾留請求がなされ、同日午後4時18分に勾留状の執行、という経過であった。すると、午後11時頃にYを捜査用車両で同行した時点で実質的逮捕と評価され、実質的逮捕から通常逮捕まで3時間18分、検察官送致まで38時間、検察官送致から勾留状執行まで3時間18分（勾留請求まで3時間以内）、という状況である。

2）　考え方

　逮捕に引き続く勾留が認められるかどうかの問題は、基本的には令状主義に悖るほどの違法があったか否かの視点からその可否が判断されると考えられる。

　もっとも、具体的には「すべての事例にあてはまるような一義的な基準を設けることは困難であり、逮捕が違法とされる類型ごとに考えるしかない。」[32]といえる。

ア　任意同行及びその後の取調べについての違法判断

　㈎　本決定

　　本決定が、任意同行後における取調べの適否の判断指標として、当該取調べについて、「夕食時である午後7時ころからの取調は夜間にはいり、被疑者としては、通常は遅くとも夕食時には帰宅したいとの意向をもつと推察されるにもかかわらず、被疑者にその意思を確認したり、自由に退室したり外部に連絡をとったりする機会を与えたと認めるに足りる資料はない。」ことを前提として、その後における「事実上の看視付きの長時間の深夜にまで及ぶ取調は、仮に被疑者から帰宅ないし退出について明示の申出がなされなかったとしても、任意の取調であ

---

[32]　川出敏裕『判例講座　刑事訴訟法［捜査・証拠篇］』（立花書房、平成28年）77頁。

るとする他の特段の事情の認められない限り、任意の取調とは認められない」と
して、「少なくとも夕食時である午後7時以降の取調は実質的には逮捕状によら
ない違法な逮捕であったというほかはない。」と認定した。

(イ) 東京高裁判決

東京高裁が、駐在所から警察署への捜査用車両での任意同行につき、「その場
所・方法・態様・時刻・同行後の状況等からして、逮捕と同一視できる程度の強
制力を加えられていたもので、実質的には逮捕行為にあたる違法なものといわざ
るをえない」と認定した。

もっとも、当時の捜査員は緊急逮捕はできないと判断していたが、判決では、
「買物袋窃取の犯人が乗って逃走した自動車をその2、3時間後に被告人が運転
しており、しかも警察官の停止合図を無視して逃走したこと、約1週間前に遠隔
地の刑務所を出所したばかりで、しかも運転免許をもたない被告人が数時間前に
盗まれた自動車を運転していたことなどからすると、右実質的逮捕の時点におい
て緊急逮捕の理由と必要性はあったと認めるのが相当」であるとして、緊急逮捕
が可能であったと認定した。

この認定が、極めて重要な判示であり、「右実質的逮捕の違法性の程度はその
後になされた勾留を違法ならしめるほど重大なものではないと考える。」との結
論に連なる。

つまり、東京高裁判決は、「右実質的逮捕の時点において緊急逮捕の理由と必
要性はあったと認めるのが相当であり、他方、右実質的逮捕の約3時間後には逮
捕令状による通常逮捕の手続がとられていること、右実質的逮捕の時から48時間
以内に検察官への送致手続がとられており、勾留請求の時期についても違法の点
は認められないことを合わせ考えると、右実質的逮捕の違法性の程度はその後に
なされた勾留を違法ならしめるほど重大なものではないと考える。また他に右勾
留を違法無効とするような事情は記録上何ら認められない。」として勾留中に作
成されたYの供述調書（自白調書）の証拠能力を認めた。

イ 上記東京高裁判決から導かれる要素を踏まえ、本決定との対比

東京高裁判決の論理を整理すると、①実質的逮捕の時点において緊急逮捕の理由
と必要性はあった、つまり緊急逮捕の要件が具備されていたこと、②当該実質的逮
捕（捜査用車両で同行した時点）の約3時間後には通常逮捕令状による逮捕手続が
とられていること（補足：捜査用車両で同行した時点から通常逮捕まで3時間18
分）、③当該実質的逮捕の時から48時間以内に検察官への送致手続がとられている
こと（補足：捜査用車両で同行した時点から検察官送致まで38時間）を挙げ、勾留

請求の時期についても違法の点は認められないことから、④当該実質的逮捕の違法性の程度はその後になされた勾留を違法ならしめるほど重大なものではない、と結論づけた。

この点は、十分納得できる結論といえる。

すると、東京高裁判決の②について、実質的逮捕から通常逮捕までは3時間18分、本決定では、実質的逮捕から通常逮捕まで約5時間である。

次に、東京高裁判決の③について、実質的逮捕の時から検察官送致まで38時間、本決定では、実質的逮捕から検察官への送致まで約20時間30分であり、制限時間内に検察官送致がなされている。

したがって、本決定及び東京高裁判決とも、格別の違いはないといえる。

さて、決定的な違いは東京高裁判決の①の論理である。東京高裁の事案においては、実質的逮捕（捜査用車両で駐在所から警察署までの同行態様等）の時点において、「緊急逮捕の理由と必要性はあったと認めるのが相当」、つまり緊急逮捕の要件が具備されていたと評価している。

これに対し、本決定においては、「事実上の看視付きの長時間の深夜にまで及ぶ取調は」、「任意の取調であるとする他の特段の事情の認められない限り、任意の取調とは認められないものというべきである」から、本件の取調べにつき、「少なくとも夕食時である午後7時以降の取調は実質的には逮捕状によらない違法な逮捕であったというほかはない。」と評価した。

そして、本決定は、逮捕状執行から勾留請求までの手続は速やかになされており、（午後7時からの）実質逮捕の時点から計算しても制限時間不遵守の問題は生じない（実質的逮捕から検察官への送致まで約20時間30分であり制限時間内に検察官送致している。）としつつも、（午後7時から逮捕状執行までの午前零時20分までの）「約5時間にも及ぶ逮捕状によらない逮捕という令状主義違反の違法は、それ自体重大な瑕疵であって、制限時間遵守によりその違法性が治ゆされるものとは解されない。」と判断した。

その理由として、「このようなことが容認されるとするならば、捜査側が令状なくして終日被疑者を事実上拘束状態におき、その罪証隠滅工作を防止しつつ、いわばフリーハンドで捜査を続行することが可能となり、令状主義の基本を害する結果となるからである。」、それゆえ、「本件逮捕は違法であってその程度も重大であるから、これに基づく本件勾留請求も却下を免れないものというべきである」と判示している。

本決定の具体的な被疑事実は、前述したように不明であるが、東京高裁判決と異

なり、重要参考人としてのＸの取調べであり、それまで十分な疎明資料からも犯人性が調わず、Ｘの供述を得たことから午後10時40分に裁判所に通常逮捕状を請求したのではないかとも推測される。

　この両判決の評価につき、川出論文[33]は、本決定（富山地裁）は、「逮捕が無令状でなされていること自体によって、勾留請求を違法とするような重大な違法があるとしているのに対し」、東京高裁判決は、「実質的逮捕の時点で緊急逮捕の要件が備わっていれば、本来、無令状での逮捕が許された場合であり、警察官がいわば手続の形式を誤まったにすぎないといえるから、単に通常逮捕の要件が備わっていた場合とは異なり、違法性の程度は低いとしたわけである。」と評され、さらに、「実質的逮捕の時点で緊急逮捕の要件が備わっていたか否か、及び、それが具備されている場合に、その時点から起算して制限時間の違反があるか否かで勾留請求の適否を判断するのが、裁判例の大勢であると評価されている（大澤裕「逮捕の違法と勾留」判例百選（6）28）」と説示されている（もっとも、そのような事情が備わっていれば、逮捕に重大な違法がないとすることには異論もある、と指摘している。すると、今後において、類似の事案に接した場合、緊急逮捕の要件の具備によって、どのように通常逮捕後の勾留の可否が判断されるかについて注目していく必要があろう。

3　最高裁昭和59年2月29日第二小法廷決定・刑集38巻3号479頁（いわゆる高輪グリーンマンション事件）

> **決定要旨**
>
> 　任意捜査の一環としての被疑者に対する取調べは、強制手段によることができないというだけでなく、さらに、事案の性質、被疑者に対する容疑の程度、被疑者の態度等諸般の事情を勘案して、社会通念上相当と認められる方法ないし態様及び限度において、許容されるものと解すべきである。
>
> 　殺人事件の被疑者に帰宅できない特段の事情もないのに、四夜にわたり捜査官の手配した所轄警察署近辺のホテル等に宿泊させ、捜査官が同宿するなどした上、連日、警察の自動車で同署に出頭させ、午前中から深夜まで長時間取調べをしたことは、任意取調べの方法として必ずしも妥当ではないが、同人が右のような宿泊を伴う取調べに応じており、事案の性質上、速やかに同人から詳細な事情及び弁解を聴取する必要があるなど本件の具体的状況の下では、社会通念上やむを得なかったものというべく、任意捜査として許容される限界を超えた違法なものであったとまでは断じ難いというべきである。

---

(33)　前掲注(32)78頁。

•••••••••••••••••••••••••••••••••••••• **事案の概要** ••••••••••••••••••••••••••••••••••••••

⑴　昭和52年5月18日、東京都港区高輪所在の高輪グリーンマンションの被害者A方において、被害者が何者かによって殺害されているのを被害者の勤務先の者によって発見され、殺人事件捜査本部が高輪警察署に設置された。現場の状況等から犯人は被害者と面識のあるものではないかとの見通しのもとに交友関係を中心に捜査が進められた。

⑵　かつて被害者と同棲したことのあるXもその対象となっていたところ、同月20日、Xは自ら高輪警察署に出頭し、犯行当時アリバイがある旨の弁明をしたが、裏付捜査の結果、そのアリバイの主張が虚偽であることが判明し、Xに対する容疑が強まったため、同年6月7日早朝、捜査員4名が東京都大田区内に所在する、Xの勤務先の独身寮であるY荘のXの居室に赴き、任意同行を求めたところ、これに応じたので、捜査用車両に同乗させて同署に同行した。

⑶　捜査員らは、Xの承諾のもとに警視庁に同道した上、7日午前9時半頃から2時間余にわたり、ポリグラフ検査を受けさせた後に、高輪警察署に戻り、取調室において、アリバイの点などを追及したところ、同日午後10時頃に本件犯行を認めるに至った。そのため、捜査員らは、Xに本件犯行についての自白を内容とする答申書を作成させ、同日午後11時すぎには一応の取調べを終えた。その後、Xからの申出もあって、高輪警察署長宛の「私は高輪警察署でAさんを殺した事について申し上げましたが、明日、さらにくわしく説明致します。今日は私としても寮に帰るのはいやなのでどこかの旅館に泊めていただきたいと思います。」と記載した答申書を作成提出させて、同署近くの企業Nの宿泊施設に宿泊させ、4、5名の捜査員も同宿し、うち1名はXの室の隣室に泊まり込むなどしてXの挙動を監視した。

⑷　翌8日の朝、捜査員らは、車両でXを迎えに行き、朝から午後11時頃に至るまで高輪警察署の取調室で取り調べ、同夜も帰宅を望まないということで、同署からほど近いCホテルに車両で送り届けて宿泊させ、翌9日以降も同署で取調べをし、同夜及び10日の夜は、Dホテルに宿泊させ、各夜ともホテル周辺にいずれも捜査員が張り込みXの動静を監視した。なお、宿泊代金については、同月7日から9日までの分は警察において支払い、10日の分のみXに支払わせた。

⑸　このようにして、同月11日まで取調べを続け、この間、2通の答申書のほか、同月8日付で自白を内容とする供述調書及び答申書、同月9日付で心境等を内容とする答申書、同月10日付で犯行状況についての自白を内容とする供述調書が作成された。同月11日には、否認の供述調書が作成された。

⑹　捜査員らは、Xから上記のような本件犯行についての自白を得たものの、決め手とな

る証拠が十分でなかったことなどから、Xを逮捕することなく、同月11日午後3時頃、山梨市からXを迎えに来たXの実母らと帰郷させたが、その際、実母から「右の者御署に於て殺人被疑事件につき御取調中のところ今回私に対して身柄引渡下され正に申しうけました」旨記載した高輪警察署長宛の身柄請書を徴した。

(7) 捜査本部では、その後もXの自白を裏付けるべき捜査を続け、同年8月23日に至って、本件殺人の容疑により山梨市の実母方でXを逮捕した。Xは、当初は新たなアリバイを主張するなどして本件犯行を否認していたが、同月26日に犯行を自白して以降、捜査段階において自白を維持し、自白を内容とする司法警察員及び検察官に対する各供述調書が作成され、同年9月12日、殺人罪で起訴された。Xは、自白調書の証拠能力を争った。

裁判所の判断

「2　右のような事実関係のもとにおいて、昭和52年6月7日に被告人を高輪警察署に任意同行して以降同月11日に至る間の被告人に対する取調べは、刑訴法198条に基づき、任意捜査としてなされたものと認められるところ、任意捜査においては、強制手段、すなわち『個人の意思を制圧し、身体、住居、財産等に制約を加えて強制的に捜査目的を実現する行為など、特別の根拠規定がなければ許容することが相当でない手段』（最高裁昭和50年（あ）第146号同51年3月16日第三小法廷決定・刑集30巻2号187頁参照）を用いることが許されないことはいうまでもないが、任意捜査の一環としての被疑者に対する取調べは、右のような強制手段によることができないというだけでなく、さらに、事案の性質、被疑者に対する容疑の程度、被疑者の態度等諸般の事情を勘案して、社会通念上相当と認められる方法ないし態様及び限度において、許容されるものと解すべきである。

3　これを本件についてみるに、先ず、被告人に対する当初の任意同行については、捜査の進展状況からみて被告人に対する容疑が強まっており、事案の性質、重大性等にもかんがみると、その段階で直接被告人から事情を聴き弁解を徴する必要性があったことは明らかであり、任意同行の手段・方法等の点において相当性を欠くところがあったものとは認め難く、また、右任意同行に引き続くその後の被告人に対する取調べ自体については、その際に暴行、脅迫等被告人の供述の任意性に影響を及ぼすべき事跡があったものとは認め難い。

4　しかし、被告人を4夜にわたり捜査官の手配した宿泊施設に宿泊させた上、前後5日間にわたって被疑者としての取調べを続行した点については、原判示のように、右の間被告人が単に『警察の庇護ないしはゆるやかな監視のもとに置かれていたものとみることができる』というような状況にあったにすぎないものといえるか、疑問の余地がある。

すなわち、被告人を右のように宿泊させたことについては、被告人の住居たるY荘は高

輪警察署からさほど遠くはなく、深夜であっても帰宅できない特段の事情も見当たらない上、第1日目の夜は、捜査官が同宿し被告人の挙動を直接監視し、第2日目以降も、捜査官らが前記ホテルに同宿こそしなかったもののその周辺に張り込んで被告人の動静を監視しており、高輪警察署との往復には、警察の自動車が使用され、捜査官が同乗して送り迎えがなされているほか、最初の3晩については警察において宿泊費用を支払っており、しかもこの間午前中から深夜に至るまでの長時間、連日にわたって本件についての追及、取調べが続けられたものであって、これらの諸事情に徴すると、被告人は、捜査官の意向にそうように、右のような宿泊を伴う連日にわたる長時間の取調べに応じざるを得ない状況に置かれていたものとみられる一面もあり、その期間も長く、任意取調べの方法として必ずしも妥当なものであったとはいい難い。

しかしながら、他面、被告人は、右初日の宿泊については前記のような答申書を差出しており、また、記録上、右の間に被告人が取調べや宿泊を拒否し、調べ室あるいは宿泊施設から退去し帰宅することを申し出たり、そのような行動に出た証跡はなく、捜査官らが、取調べを強行し、被告人の退去、帰宅を拒絶したり制止したというような事実も窺われないのであって、これらの諸事情を総合すると、右取調べにせよ宿泊にせよ、結局、被告人がその意思によりこれを容認し応じていたものと認められるのである。

5　被告人に対する右のような取調べは、宿泊の点など任意捜査の方法として必ずしも妥当とはいい難いところがあるものの、被告人が任意に応じていたものと認められるばかりでなく、事案の性質上、速やかに被告人から詳細な事情及び弁解を聴取する必要性があったものと認められることなどの本件における具体的状況を総合すると、結局、社会通念上やむを得なかったものというべく、任意捜査として許容される限界を超えた違法なものであったとまでは断じ難いというべきである。

6　したがって、右任意取調べの過程で作成された被告人の答申書、司法警察員に対する供述調書中の自白については、記録上他に特段の任意性を疑うべき事情も認め難いのであるから、その任意性を肯定し、証拠能力があるものとした第一審判決を是認した原判断は、結論において相当である。」

最高裁昭和59年2月29日第二小法廷決定の検討・評価

(1) 本決定の意義（判断枠組み）

本決定は、宿泊を伴う取調べが任意捜査として許容されるかどうかについて、最高裁が初めて判断（職権判断）したものである。

その判断枠組みは、まず、最高裁として初めて「任意処分と強制処分の限界」を判断した昭和51年3月16日第三小法廷決定（刑集30巻2号187頁）を参照し、「任意捜査において

は、強制手段、すなわち『個人の意思を制圧し、身体、住居、財産等に制約を加えて強制的に捜査目的を実現する行為など、特別の根拠規定がなければ許容することが相当でない手段』を用いることが許されないことはいうまでもないが、任意捜査の一環としての被疑者に対する取調べは、右のような強制手段によることができないというだけでなく、さらに、事案の性質、被疑者に対する容疑の程度、被疑者の態度等諸般の事情を勘案して、社会通念上相当と認められる方法ないし態様及び限度において、許容されるものと解すべきである。」というものであり、いわば捜査機関に向けた、取調べに対する行為規範を示したものと言っても過言ではないといえる。

　まず、本決定の前段部分において列挙した「強制手段」の意義（１段階での判断）からして、取調べにおいて、特に、犯罪捜査規範第168条［任意性の確保］第１項において「取調べを行うに当たっては、強制、拷問、脅迫その他供述の任意性について疑念をいだかれるような方法を用いてはならない。」としていることからして、許容されないことはいうまでもない。

　問題は、後段部分で判示した、任意捜査の一環としての被疑者に対する取調べは、「さらに、事案の性質、被疑者に対する容疑の程度、被疑者の態度等諸般の事情を勘案して」、それが「社会通念上相当と認められる方法ないし態様及び限度」において許容されるか否かを判断する（２段階での判断）というものである。

　したがって、この判断枠組みは、任意捜査における取調べ、身柄拘束中の取調べにも、通底する考え方であるともいえる。

⑵　具体的判断

　では、最高裁は、当時の捜査員の行った、本件における具体的取調べの態様等を踏まえ、どのように判断したのであろうか。

　１）　任意同行について

　　Xは、かつて被害者と同棲したこともあり、犯行当日のアリバイがある旨の弁明に対して、裏付捜査の結果、虚偽であることが判明しており、これらの捜査進展状況からみて、Xに対する容疑が強まっており、事案の性質、重大性等にもかんがみ、その段階で直接Xから事情を聴き弁解を徴する必要性があったことは明らかである。

　　任意同行を求めたところ、これに応じており、任意同行の手段・方法等の点において相当性を欠くところがあったものとは認め難い。

　２）　任意同行に引き続くその後のXに対する取調べについて

　　取調べ自体に、暴行、脅迫等Xの供述の任意性に影響を及ぼすべき事跡があったものとは認め難い。

　３）　４夜にわたり宿泊施設に宿泊させての前後５日間にわたる取調べについて

　　Xが単に「警察の庇護ないしはゆるやかな監視のもとに置かれていたものとみることができる」というような状況にあったにすぎないものといえるか、疑問の余地がある。なぜなら、

　　○　宿泊させたことについて、Xの住居は高輪警察署からさほど遠くはなく、深夜であっても帰宅できない特段の事情も見当たらないこと。

　　○　第1日目の夜は、捜査官が同宿しXの挙動を直接監視し、第2日目以降も、捜査官らがホテルに同宿こそしなかったもののその周辺に張り込んで動静を監視していること。

　　○　高輪警察署との往復には、警察車両（捜査用車両）が使用され、捜査官が同乗して送り迎えがなされていること。

　　○　最初の3晩については警察において宿泊費用を支払っており、しかもこの間午前中から深夜に至るまでの長時間、連日にわたって本件についての追及、取調べが続けられたものであったこと。

　　これらの諸事情に徴すると、Xは、捜査官の意向に沿うように、宿泊を伴う連日にわたる長時間の取調べに応じざるを得ない状況に置かれていたものとみられる一面もある。しかも、その期間も長く、任意取調べの方法として必ずしも妥当なものであったとはいい難い。

4）　Xの提出した答申書、取調べや宿泊の拒否行為の存否について

　　Xは、初日の宿泊については答申書を差し出しており、その間にXが取調べや宿泊を拒否し、調べ室あるいは宿泊施設から退去し帰宅することを申し出たり、そのような行動に出た証跡はなく、捜査官らが、取調べを強行し、Xの退去、帰宅を拒絶したり制止したというような事実もうかがわれないこと。

　　これらの諸事情を総合すると、取調べ、宿泊ともXの意思によりこれを容認し応じていたものと認められる。

5）　結　論

　　Xに対する取調べ、宿泊の点など任意捜査の方法として必ずしも妥当とはいい難いところがあるものの、Xが任意に応じていたものと認められるばかりでなく、事案の性質上、速やかにXから詳細な事情及び弁解を聴取する必要性があったものと認められることなどの本件における具体的状況を総合すると、結局、社会通念上やむを得なかったものというべく、任意捜査として許容される限界を超えた違法なものであったとまでは断じ難い。

もっとも、本決定は、3対2で適法という結論であり、多数意見も微妙な言い回し（任意捜査として許容される限界を超えた違法なものであったとまでは断じ難いというべきで

ある。）で適法としていることに、留意すべきである。

⑶ **本決定以前の「裁判例」、「被疑者取調べ適正化のための監督に関する規則（国家公安**
委員会規則）」に定める監督対象行為に抵触した場合と本決定との関係

　本決定以前の「裁判例」とは、前掲・1　高松地裁昭和43年11月20日決定（下級裁判所
刑事裁判例集10巻11号1159頁）や前掲・2　富山地裁昭和54年7月26日決定（判例時報
946号137頁）において、当該任意同行と逮捕との識別（判断要素）をどのように考えるか
について、その客観的事情としては、①同行を求めた時刻・場所（夜間や深夜、遠距離の
同行は強制的性格を強める。）、②同行の方法・態様（警察官の人数や態度、監視状況等）、
③同行後の取調べ時間・監視状況（早朝や深夜、長時間の取調べの有無、さらには取調べ
の前後・用便や休憩の際の監視状況）、④逮捕状が発付されていた、あるいは逮捕可能な
嫌疑があったにもかかわらず任意同行が行われた場合、その合理的理由があったか（あえ
て正式な逮捕を遅らせる事実上の身体拘束を意図していたか。）、⑤被疑者の同行拒否や退
去希望の有無・内容、⑥被疑者の属性（年齢や性別、職業など）の考慮要素を紹介したと
ころである。

　すると、前記当該考慮要素は、本決定（高輪グリーンマンション事件決定）における
「事案の性質、被疑者に対する容疑の程度、被疑者の態度等諸般の事情を勘案して、社会
通念上相当と認められる方法ないし態様及び限度」であったかどうかを判断する場合の考
慮要素となるといえよう。

　さらに、前掲・2　富山地裁昭和54年7月26日決定の検討の中で紹介した「被疑者取調
べ適正化のための監督に関する規則」（平成20年国家公安委員会規則第4号）に定める取
調担当者が被疑者に対して行う監督対象行為（殊更に不安を覚えさせ、又は困惑させるよ
うな言動をすることなど6項目）に抵触した場合、さらには犯罪捜査規範（昭和32年国家
公安委員会規則第2号）168条［任意性の確保］の配慮事項に抵触したような場合には、
任意取調べの適否につき、本決定（高輪グリーンマンション事件決定）における考慮要素
の下で判断されると考えられる。

　その後、本決定（高輪グリーンマンション事件決定）の示した当該規範は、最高裁平成
元年7月4日第三小法廷決定（刑集43巻7号581頁）における具体的判断においても引用
（参照）されており、取調べの適否判断における確立した重要判例となっている。

5 逮捕状の緊急執行

I 急速を要するとき

1 最高裁昭和31年 3 月 9 日第二小法廷決定・刑集10巻 3 号303頁

決定要旨

　労働争議に関し発生した建造物損壊被疑事件の被疑者に対し、逮捕状が発せられたので、甲、乙両巡査を含む司法巡査 5 名が会社工場内外附近各所において被疑者が工場を出てくるのを待って、逮捕状を執行すべく待機中、自転車で工場から出てきた被疑者を甲、乙両巡査が発見したが、逮捕状の所持者と連絡してこれを同人に示す時間的余裕がなかったので、逮捕状が発せられている旨を告げて逮捕しようとした当時の情況は、刑訴第201条第 2 項の準用する同法第73条第 3 項にいわゆる「急速を要するとき」に当たる。

　右の如き情況の下において、折柄被疑者の求めに応じて工場から馳せつけた被告人等が被疑者奪還のため、甲、乙両巡査に対し暴行を加えた以上、被告人等の右所為は公務執行妨害罪を構成する。

（注：甲巡査は、「事案の概要」の大江巡査、乙巡査は、溝口巡査である。）

•••••••••••••••••••••••••••••••••••• **事案の概要** ••••••••••••••••••••••••••••••••••••

(1) 捜査員に対する公務執行妨害の状況

　被疑者X、被疑者Yの両名は、ほか数名と共謀の上、昭和25年 4 月13日午後 3 時頃、大阪市城東区放出町所在のD株式会社内の空き地において、大阪市警視庁[34]東方面捜査部城東警察署派遣司法巡査大江尚及、城東警察署司法巡査溝口亨の両名が逮捕状に基づき、Mを建造物損壊被疑者として逮捕しようとした際、Mが大声を張り上げて集っていた防衛隊に向かい、逮捕を免れるために応援を求めたところ、直ちにこれに応じ、逮捕を免れしめるため、前記大江巡査の身体を引っ張り、あるいは頭、腕、手等を殴打し、臀部を足蹴りにし、また、溝口巡査の胸部を押し、あるいは突く等の暴行を加え、因って、両巡査の職務の執行を妨害し、且つ、暴行により大江巡査に対し傷害を負わせたものである。

---

(34)　戦後まもなくの1947年、旧警察法が制定され、自治体警察と国家地方警察の制度が採用された。大阪市は自治体警察として当初、大阪市警察として発足したが、1949年に大阪市警視庁設置条例の下で、同年 9 月に「大阪市警視庁」に改称された。その後、大阪市警視庁は、1954年に自治体警察と国家地方警察の制度が、都道府県警察とする現・警察法の施行の下で、同年 7 月に廃止され、現在の大阪府警察本部となった。なお、大阪市警視庁の成立等に関する貴重な警察制度法史に関する文献として、小宮京「年報政治学2013 - I （日本政治学会編）・大阪市警視庁の興亡―占領期における権力とその『空間』―」（木鐸社、2013年）がある。1954年 3 月当時、「大阪市警視庁（8600名）」は、東京警視庁に次ぐ大組織であり、大阪城内に置かれたという。

⑵　**被疑者Mに対する緊急執行の状況**

　N株式会社における労働争議に関し、Mが関与した建造物損壊被疑事件につき、Mに対し逮捕状が発付されていたが、同人が組合側の防衛隊長であったため、会社内で逮捕することは、争議団の反撃を受け執行不能となるおそれがあったので、昭和25年4月13日、城東警察署滝井警部補指揮の下に、前記大江、溝口両巡査を含む司法巡査5名が、同会社工場内外附近各所にて張込みし、Mが工場から出てくるのを待ち、争議団の妨害を受けることなくして逮捕すべく待機中のところ、同日午後3時頃、自転車で工場から出てきたMを、大江、溝口両巡査が発見し逮捕連行しようしたが、折柄、Mの求めに応じて工場から駆けつけた前記被疑者X等を含む十数人の奪還隊から本件暴行を受け、逮捕することができなかった。

　当時、Mは逮捕状の発付を知悉していたのみならず、大江巡査もその旨を告げたのであり、当時の状況下では逮捕状の所持者と連絡してこれをMに示す時間的余裕がなかった。

裁判所の判断

　「司法巡査大江尚同溝口亨のMに対する逮捕行為が刑訴201条2項同73条にいわゆる「急速を要するとき」に当るものであり、従って右行為を以て職務の執行であるとした原審の判断は正当であるから原判決[35]には所論法令の違反はない。さればこれに立脚する違憲の主張はその前提を欠くものである。」

最高裁昭和31年3月9日第二小法廷決定の検討・評価

　本決定の意義は、刑訴法201条2項の準用する同法73条3項の規定する通常逮捕状の緊急執行の要件である「急速を要するとき」につき、具体的事例に適用した最初の判例である。

　もっとも、被疑者Mは、指名手配されていたのではなく、逮捕の現場（工場）は限定されていたところ、捜査員らは被疑者M（自身に逮捕状が出ていることを知悉していた。）を認めたが、逮捕状の所持者と連絡してこれを示す時間的余裕がなかったため、逮捕状が発せられている旨を告げて逮捕しようとしたが、現場附近にいた十数名の仲間から暴行を受け、逮捕に至らなかったというものである。本決定は、当時の逮捕状況を踏まえ、適法な緊急執行であったとして、公務執行妨害罪の成立を認めたものである。

⒟　大阪高裁昭和26年7月9日判決（刑集10巻3号308頁）も、「叙上のような状態こそまさに刑事訴訟法第201条第2項、第73条第3項にいわゆる『急速を要するとき』に該当するものと解するのが相当であり、このように刑事事件の被疑者に対する逮捕状を執行するがごときは司法巡査の職務行為に属すること一点疑がないからその職務執行にあたりこれに対し暴行を加えた以上公務執行妨害罪を構成すること勿論である。」と判示している。

　このように「急速を要するとき」とは、至急に逮捕状を入手することができず、入手するまで待てば被疑者が逃走し所在不明となってしまい、令状執行が困難になるおそれがある場合と解されるから、本事例の結論には異論はないであろう。

　なお、Mは逮捕の指揮に当たった滝井警部補により、「数分後に」「逮捕状を示されたうえ、所定の手続を経て逮捕された」（『最高裁判所判例解説　刑事篇』（法曹会、昭和31年）54頁）。

2　東京高裁昭和34年4月30日判決・高刑集12巻5号486頁

判決要旨

> 　逮捕状の執行に当たり、被疑者が自宅に現在する場合においても、しばしば他村等に出かけるなど自宅に現在することはほとんど予期し得ず、逮捕状の所持者に連絡して急速に逮捕状を入手することが困難な場合には、「急速を要するとき」（刑訴法第201条第2項の準用する第73条第3項）に当たる。

・・・・・・・・・ 事案の概要 ・・・・・・・・・

⑴　N巡査に対する脅迫事件の被疑者Xを逮捕するため、昭和27年5月22日、山崎警部補は、逮捕状を所持して他の2名と共に（Xの立ち回り先と見込まれていた）両河内村に向かい、また、川口巡査と薩川巡査は、Xの自宅に向かったところ、午前11時頃、Xが自宅に現在していることを確認したので、両巡査は逮捕状を所持している山崎警部補の廻来を待つことなく、直ちにX宅に赴いた。

⑵　そこで、Xに対し、「あなたがXさんか、5月19日附で静岡地方裁判所の裁判官の脅迫罪容疑による逮捕状が出ているから逮捕する。」旨告げて、手錠を掛けようとしたが、Xは「逮捕状を見せろ、逮捕状がないから逮捕ができない。」と主張して、逮捕されることを拒み、両巡査に対し、両手を振り廻し、あるいは突きかかる等暴行し、川口巡査に対し全治5日間、薩川巡査に対し全治1週間を要する各傷害を与えた。

━━━━ 裁判所の判断 ━━━━

　　（なお、昭和34年の本判決における、送り仮名、句読点等は原文どおりとした。）
　「川口、薩川両巡査が被告人を逮捕するため静岡県庵原郡興津町谷津〈番地略〉の被告人宅に出向いた当時には被告人は屢々（筆者：ふりがな付加）両河内村等に出かけ自宅に定住していなかった事実、右両巡査が逮捕に赴いた当日も被告人は両河内村方面に現在する旨の情報に基き被告人及びその共犯者を逮捕する為、山口警部補が逮捕状を所持して同方面に赴いている事実並びに被告人はその日の朝迄両河内村望月T方に滞在し、その日

の朝自宅に帰った事実を夫々（筆者：ふりがな付加）認め得るのであって、従って、右の逮捕に赴いた当時には、被告人が果して自宅に現在するか否か頗る不明確であり、自宅に現在することは殆ど予期し得ない状況にあったことを認め得るのであって、更に何時何処に出掛けて行くか計り難い状況にあったことが容易に推認されるのである。而もこれに加うるに前記川口、薩川両証人の原審並びに当審における各証言により窺い知られる右両巡査が被告人宅に被告人の在宅することを確認した上、被告人に対する逮捕状の所持者である山崎警部補に対し電話連絡を数回に亘ってしようとしたのであるが、電話が通じないため遂に約１時間近くの時間を空費しその連絡さえつかず、且つ両河内村と被告人宅との間は距離的にいっても三里位離れていて、右両巡査の孰（筆者：ふりがな付加）れかが山崎警部補の許に逮捕状を取りに行くのは極めて困難であったのは勿論、何時山崎警部補が逮捕状を持参して来るかは殆んど予測し難い状況にあった事情等を仔細に検討勘案すれば、川口、薩川両巡査の本件被告人逮捕当時の状況は刑事訴訟法第201条第２項の準用する第73条に所謂『急速を要するとき』に該当するものと認めるのが相当である。

されば原判決が川口、薩川両巡査が本件被告人を逮捕するに際し、被告人に対しては全国的に又は比較的広範囲にわたって指名手配がなされたという事案ではなく被告人の所在はその自宅及び両河内村に限定されていたことでありまた両巡査は逮捕行為に着手する約30分乃至１時間前に被告人が自宅に現在することを確認し且つその後川口巡査が張込をしていたのであるから、右両巡査が被告人を逮捕するに当り逮捕状なしで逮捕せねばならないような特別の事情、すなわち、緊急執行の要件としての『急速を要するとき』という事由があったものと認められない旨説示しているのは正しく事実誤認の違法、若しくは法令の解釈を誤った違法があるものというべきである。」

「憲法第33条刑事訴訟法第201条第１項によれば、逮捕状によって被疑者を逮捕するには逮捕状を被疑者に示さなければならないし、また、刑事訴訟法第201条第２項第73条第３項によれば逮捕状を所持しないためこれを示すことができない場合で急速を要するときには、被疑事実の要旨及び逮捕状が発せられている旨を告げなければならないとされているのであるが、これらの規定は国民の基本的人権と極めて重大な関係を有する厳格規定であるから、その所謂緊急性の要件を具備せず、且つその方式を履践しない逮捕行為は違法であって法律上保護せらるべき法益に当らないものと解すべきである。

今本件についてこれを観るに、川口、薩川両巡査の被告人に対する逮捕は逮捕状が発布（ママ）されているのにこれを所持しないでなした刑事訴訟法第201条第２項第73条第３項所定の所謂緊急執行と見られるところ、原判決理由によれば本件川口、薩川両巡査の被告人の逮捕は先ず緊急執行の要件である『急速を要するとき』に当らないとしているのであるが、既に前段説示のとおり本件逮捕は緊急執行の緊急性の要件としての『急速を要する』場合

に該当するものと認められるのであるから、此の点に関する限りにおいては、川口、薩川両巡査の本件被告人の逮捕はその職務行為としての適法性を具備するものである。」

【なお、刑訴法第201条第2項の準用する第73条第3項の2つ目の要件につき、被疑者に対し、単に罪名及び逮捕状が発せられている旨を告げたのみで、被疑事実の要旨を告げずになされた本件逮捕についての判断については、次項Ⅱ「被疑事実の要旨の告知」3「東京高裁昭和34年4月30日判決・高刑集12巻5号486頁」の中で紹介する。】

東京高裁昭和34年4月30日判決の検討・評価

　本判決の争点の一つとして、緊急執行の根拠規定である刑訴法第201条第2項の準用する第73条第3項に定める「急速を要するとき」の意義が問題とされた。

⑴　第一審である静岡地裁は、大要、①Xに対しては全国的に又は比較的広範囲にわたって指名手配がなされていたという事案ではなく、Xの所在はその自宅及び両河内村に限定されていたこと、②川口、薩川の両巡査は逮捕行為に着手する約30分乃至1時間前に、Xが自宅に現在することを確認し、かつ、その後川口巡査が張込をしていたのであるから、逮捕状なしで逮捕せねばならないような特別の事情があったとは認められないから、その逮捕は「急速を要するとき」という緊急執行の要件を具備していない旨判断した。

⑵　これに対し、上記判決（東京高裁判決）は、次の理由から、川口、薩川の両巡査の逮捕行為につき、刑訴法第201条第2項の準用する第73条に所謂「急速を要するとき」に該当するものと認めた。

①　両巡査がXの自宅に出向いた当時、Xはしばしば両河内村等に出かけ、自宅に定住していなかった、

②　両巡査が逮捕に赴いた当日も、Xは両河内村方面に現在する旨の情報に基き、X及びその共犯者を逮捕するために、山崎警部補が逮捕状を所持して同方面に赴いた。

③　Xは、両巡査が逮捕に赴いた当日の朝まで、両河内村の知人方に滞在し、その日の朝に自宅に帰った。

④　午前10時頃、両巡査がX宅に赴いたところ、その在宅を確認したため、Xに対する逮捕状の所持者である山崎警部補に対し電話連絡を数回にわたってしようとしたが、電話が通じないため、遂に約1時間近くの時間を費やしたが、その連絡さえつかず、かつ、両河内村とX方との距離は三里位〈約12キロ〉離れていて、両巡査のいずれかが山崎警部補の許に逮捕状を取りに行くのは極めて困難であった。

　本判決につき、本件は昭和27年の事件であり（現在と異なり携帯電話もなく）電話と

いっても警察署・駐在所等の電話を介して捜査員に連絡する手法しかないばかりか、移動手段も専ら自転車、バス等であり、距離も三里位というのであるから、その判断に賛同できる。

ちなみに、第一審・静岡地裁判決は、Ｘの逮捕行為につき、Ｘの所在はその自宅及び両河内村に限定されていた、また、逮捕行為に着手する約30分乃至１時間前にＸが自宅に現在することを確認し、かつ、その後川口巡査が張込みをしていたのであるから、「急速を要するとき」という緊急執行の要件を具備せず、しかも脅迫罪で逮捕状が出ている旨を告げただけで、被疑事実の要旨を告げておらず、緊急逮捕の重要な形式を履践していないことから、当該逮捕行為に対する公務執行妨害罪は成立せず、正当防衛の範囲に属するものと認められるとして無罪を言い渡した。

これに対し検察官はその控訴趣意において、「刑事訴訟法第201条第２項、第73条第３項の『急速を要するとき』とは、被疑者を発見したが、逮捕状の所持者に連絡してこれを被疑者に示す時間的余裕がない場合を意味するもの」であると解し、次の各証人の主な供述を挙げている。

1） 薩川巡査の供述

「当時Ｘは両河内の方に居るという情報が入ったので、主任外３名がその方に行ったわけです、それで逮捕状は主任の行った方に持って行ったのです」（記録176丁）

「逮捕に行く11時一寸前に、駐在所でＸが居るということが判ったので、令状を持っている人に電話したが、電話が出なかったのでそのままになってしまったのです」（記録184丁）

2） 川口巡査の供述

「バスの連絡も不便だし、自転車でも10分や20分で行くことは出来ないし、何処に逮捕状が行っているのかそれも判らないので、逮捕状を待つという余裕はなかったのです」（記録211丁）

その上で、検察官は、「川口、薩川両巡査は、被告人の所在を確認したが、当時逮捕状は捜査主任が所持して両河内の方え捜査に出かけて居り、しかも、交通不便な土地である関係上これとの連絡が困難なため、主任に連絡をとって逮捕状を取り寄せる時間的余裕がなかったことが認められるのであって、これは明らかに法令の『急速を要するとき』に該当する（同旨昭和31．3．9、最高裁第二小法廷決定、刑集10巻３号303頁参照）。然るに、原判決が具体的な証拠に基かずして漠然と逮捕状なしで逮捕せねばならなかったような特別の事情がなかった旨認定して本件逮捕は違法であり、従ってこれに対する暴行は犯罪を構成しないとしたのは、事実の誤認」であると主張した。

このように、現行刑訴法施行後の草創期に続く本判決における「急速を要するとき」の解釈と具体的な適用についての判断は極めて興味深い。

かくして、「急速を要するとき」の解釈について、前掲・「1　最高裁昭和31年３月９日第二小法廷決定」及び本判決によって、判例上、実質的に確定したといえる。

Ⅱ　被疑事実の要旨の告知

1　福岡高裁昭和27年１月19日判決・高刑集５巻１号12頁

判決要旨

　刑訴第73条第３項（第201条第２項により逮捕状による逮捕の手続に準用）による逮捕の場合、単に罪名を告げただけでは足りず、被疑事実の要旨を告げていなければならず、本件において被疑者に単に窃盗の嫌疑により逮捕状が発せられている旨を告げたのみで、被疑事実の要旨を告げていないのであるから、逮捕状の緊急執行の手続要件を欠如するもので、適法な逮捕とはいえない。

●●●●●●●●●●●●●●●●●●●●●　事案の概要　●●●●●●●●●●●●●●●●●●●●●

　福岡県大牟田市警察署[36]において、予て（筆者：ふりがな付加）窃盗指名手配犯人として被疑者Ｘ（以下「Ｘ」という。）を手配中のところ、昭和26年３月17日、Ｘが福岡県山門郡東山村大字平田地内の甲方に滞在中であったことから、大牟田市警察署から逮捕方手配を受けた福岡県三山地区警察署勤務国家地方警察巡査辻田千秋、同福原高の両名[37]が同日正午頃、前記甲方に逮捕に赴き、Ｘに対し、「君はＸだろう」「大牟田警察署よりの指名手配により逮捕する」旨告げて手錠を掛けんとするや、自分がＸなることを否認し逮捕を拒み、両巡査からさらに「窃盗の嫌疑で逮捕状が発せられている」旨を告げられるも、逃亡せんとして、辻田巡査の前額部に湯呑茶碗を投げつけ、そのネクタイを引き締め、火鉢の灰を投げつけるなどにより逃亡を図り、両巡査に逮捕されるとするや、縁側障子を盾にして振り回す等の暴行により、辻田巡査に前額部割創等、福原巡査に左腕関節捻挫等を要する全治10日間の各傷害を与えたというものである。

⒃　昭和20年の終戦後、それまでの国家警察制度を改め、旧警察法（昭和22年制定）のもとで、市町村の自治体警察を基本とし、すべての市、人口5,000人以上の町村は自ら警察を維持する一方、その他の地域（主に村落部）は国の機関である国家地方警察の管轄とされた。市町村警察（署）は、国家の非常事態の場合を除き、国家地方警察の指揮監督を受けることはなかった。もっとも、警察の民主的管理、政治的中立性の制度として、市民の代表者たる委員によって構成される合議体の機関として、知事・市町村長から独立した公安委員会制度が設けられた。しかし、警察組織の細分化による問題（1,600余の自治体警察［署］、人口5,000未満の町村における国家地方警察の二本建てとなったが、集団・広域犯罪等に効率的、的確な対応が困難、財政的経費の負担等）が指摘された。このため、昭和29年に現行の警察法に改正され、国家地方警察と自治体警察が廃止され、都道府県警察に再編された。この大牟田市警察署は自治体警察である。

⒄　両巡査は、国家地方警察所属の警察官である。

裁判所の判断

（なお、昭和27年の本判決における、送り仮名、句読点等は原文どおりとした。）

「右逮捕当時被告人に対して窃盗の被疑事実による裁判官の逮捕状が発せられていたこと、しかし前記同巡査は急速を要する場合であったため、右令状を所持せずに逮捕に赴いたのであるが、逮捕するに際しては被告人に対し『窃盗の嫌疑で逮捕状が発せられている』旨告げたことは、原審公判調書中の被告人並に証人辻田千秋、同福原高の各供述記載、司法警察員作成の辻田千秋、福原高の各供述調書、医師Ｓ作成の各医証によって之を認めるに十分である。

　ところで、検察官の論旨は、刑事訴訟法第201条第２項により逮捕状による逮捕の手続に準用せらるる同法第73条第３項によれば、逮捕状を所持しない場合においても急速を要するときは被疑事実の要旨及び令状が発せられている旨を告げて被疑者を逮捕することができるのであるが、かかる緊急執行の場合においては、窃盗の嫌疑にて逮捕状が発せられている旨を告げた程度でも、同法第73条第３項にいう被疑事実の要旨を告げたものと解するのが、すでに緊急執行という簡便な執行を認めた立法の精神に照し正当であり、現下多数に上る指名犯人の機動的且つ能率的検挙の要請にも叶う実際的見解である。そして、かような解釈を採ったからとて、前記法第73条第３項但書によれば、緊急執行をした場合には令状はできる限り速やかに之を示さなければならないのだから、被疑者としては何等の実害も受けないのであるというのである。

　しかしながら、刑事訴訟法は其の他の法令と共に日本国憲法の制定の趣旨に適合するようにこれを解釈し、又は改廃せられなければならないことは云うまでもない。それ故、右憲法で新設された第33条第34条前段の趣旨に適合するように勾引状、勾留状の記載要件の一として旧刑事訴訟法第97条第１項においては被告事件即ち罪名丈を記載すれば足りたのに反し、新刑事訴訟法第64条第１項においては、罪名の外に、公訴事実（被疑事実）の要旨をも記載しなければならなくなったのであるし、第200条第１項において規定する逮捕状の記載要件に関しても同様である。

　かような刑事訴訟法改正の経緯及び右の如く罪名と事実の要旨の列記を要請していることと、前記新刑事訴訟法第73条第１項第２項及び同法第201条第１項に明記するように勾引状勾留状及び逮捕状等の令状の執行は本来罪名の外に公訴事実（被疑事実）の要旨を記載した令状を被告人（被疑者）に示さなければならないのに、同法第73条第３項、第201条第２項が犯人の機動的且つ能率的検挙という実際的要請に応え『急速を要するとき』という条件の下に特に令状を所持していない場合にも執行を許そうという例外的措置を規定した趣旨に鑑みるときは『右にいう罪名と事実の要旨とは同意語ではなく又右に所謂令状

の緊急執行の場合は令状を示す代りに令状が発せられていることを告げると共に、令状に記載されている公訴事実（又は被疑事実）の要旨を告げなければならず単に罪名を告げただけでは足りないと云わなければならぬ』そうだとすると、本件逮捕の場合、前記辻田、福原両巡査は単に被告人に対し単に窃盗の嫌疑により逮捕状が発せられている旨即ち罪名を告げたのみで、被疑事実の要旨は告げていないのだから、前記法条所定の逮捕状の緊急執行の手続要件を欠如するもので、到底該逮捕を目して適法な逮捕とは称し難い。

　しかし、右逮捕が不適法だからという理由から、直に本件被告人の前示所為が公務執行妨害罪を構成しないものと速断してはならない。公務執行妨害罪は、公務員がその一般的権限に属する事項に関し法令に定める手続に準拠してその職務を執行するに当り之に対し暴行又は脅迫を為すによって成立するもので、仮令、当該手続に関する法規の解釈適用を誤まりたるため手続上の要件を充たさない場合と雖も、一応その行為が形式的に公務員の適法な執行行為と認められる以上、公務執行妨害の成立を妨ぐるものではない。本件において、前示辻田、福原両巡査は、予て被告人に対し窃盗の指名犯人として裁判官の逮捕状の発せられていることを知り、之が緊急執行のため右令状を所持しないまま被告人の依命逮捕に赴きたるもので、かかる場合の逮捕の手続としては刑事訴訟法第73条第3項に従い被執行者に対し被疑事実の要旨即ち或る程度の被疑事実の内容と令状が発せられている旨を告げなければならないのを、誤解して、単に罪名と令状が発せられている旨を告げれば足るものと考え、被告人に対し窃盗の嫌疑により逮捕状が発せられている旨を告げて逮捕せんとしたのであるから、該逮捕行為は法令に定める手続に違背し違法ではあるが、その違法の程度は全然被疑事実を告げなかった場合と異り強度のものとは云えず、なお一般の見解上、一応形式的には前記巡査等の一般的権限に属する適法な職務執行行為と称し得ないことはない。従って被告人が同巡査等の右職務執行に当り前記暴行を加えた所為は当然公務執行妨害罪を構成するものと云わなければならない。それ故、原判決が前記巡査等の逮捕行為は手続上不適法であったという丈（筆者：ふりがな付加）の理由で輒く被告人の之に対する暴行は何等罪とならないと判断したことは、法令の解釈適用を誤ったものと云うべく、この誤は判決に影饗を及ぼすことは明かであるから、論旨は結局理由があり、原判決はこの点において破棄を免れない。」

福岡高裁昭和27年1月19日判決の検討・評価

(1)　本判決の意義

　昭和27年になされた本判決は、長く続いた戦前の旧刑訴法（大正11年法律第75号）から新（現）刑訴法制定（昭和23年法律第131号）後まもなく、いわゆる指名手配被疑者の逮捕に係る緊急執行手続の解釈について、新憲法制定（昭和21年11月3日公布）後の、憲法

の条文を踏まえつつ、古色蒼然ながらも格調高く論理的に説いたものであり、その解釈は、判決から70年を経た現在も、捜査機関に対する緊急執行手続の拠所となっていることに重要な意義を有している（本判決は、緊急執行手続について判示した最初の判決と思われる。）。

⑵　本判決の論理構成

　ここで興味深いのは、第一審・福岡地裁大牟田支部が、Ｘを逮捕するに際し、窃盗の嫌疑で逮捕状が発せられている旨を告げたにとどまり、被疑事実の要旨を告げた形跡がないから当該逮捕は適法な逮捕とは言い難く、したがって、Ｘの為した暴行は公務を執行するに当たり暴行を加えたものとはいえないとして、Ｘの行為は正当防衛の範囲に属するとして犯罪の成立を阻却するとして無罪を言い渡したのに対する、検察官の控訴趣意である。

　逮捕状を所持しない場合においても、急速を要するときは被疑事実の要旨及び令状が発せられている旨を告げて被疑者を逮捕することができる（第201条第2項により逮捕状による逮捕の手続に準用される第73条第3項）とする緊急執行手続について、検察官は控訴趣意の論旨において、「緊急執行の場合においては、窃盗の嫌疑にて逮捕状が発せられている旨を告げた程度でも、同法第73条第3項にいう被疑事実の要旨を告げたものと解するのが、すでに緊急執行という簡便な執行を認めた立法の精神に照し正当であり、現下多数に上る指名犯人の機動的且つ能率的検挙の要請にも叶う実際的見解である。そして、かような解釈を採ったからとて、前記法第73条第3項但書によれば、緊急執行をした場合には令状はできる限り速やかに之を示さなければならないのだから、被疑者としては何等の実害も受けないのである」旨主張したことに対し、本判決は、「同法第73条第3項、第201条第2項が犯人の機動的且つ能率的検挙という実際的要請に応え『急速を要するとき』という条件の下に特に令状を所持していない場合にも執行を許そうという例外的措置」を規定した趣旨であるとの理解に立って、「罪名と事実の要旨とは同意語ではなく」、また、緊急執行は「令状を示す代りに令状が発せられていることを告げると共に、令状に記載されている被疑事実の要旨を告げなければならず単に罪名を告げただけでは足りない」との判断を示した。

　確かに、通常逮捕状による逮捕の場合、「逮捕状を被疑者に示さなければならない。」（第201条第1項）ところ、逮捕状には「被疑者の氏名及び住居、罪名、被疑事実の要旨、引致すべき官公署その他の場所、有効期間」等（第200条第1項）が記載されており、逮捕状の呈示を受けた被疑者はそれらの内容を確認・了知することができる（被疑者に逮捕状を示し、被疑者の面前で罪名・被疑事実の内容を読み聞かせている。）のに対し、緊急執行の場合は、手配中の被疑者を発見したとき、逮捕警察官の手元には当該逮捕状そのものがないため、「急速を要するとき」故に、被疑者に当該逮捕状を示すことができないこ

とから、被疑者の逃亡等防止のため、「被疑事実の要旨及び令状が発せられている旨を告げて」被疑者を逮捕することが認められた、例外的措置といえる。

　それゆえ逮捕状は、「できる限り速やかにこれを示さなければならない。」（第73条第3項但書、第201条第2項）とされている。すると、本判決は、このような視点から理解できよう。

　なお、公務執行妨害罪の成立については、本判決の説示に異論はないであろう。

2　東京高裁昭和28年12月14日判決・高刑判決特報39巻221頁

判決要旨

　緊急執行につき、被疑事実の要旨を告知するには、被疑者に理由なく逮捕するものではないことを一応理解させる程度に逮捕状記載の被疑事実の要旨を告げれば足り、必ずしも逮捕状記載の被疑事実の要旨一切を逐一告知する必要はないものと解される。

事案の概要

　警視庁向島警察署に勤務中の城厚美巡査は、昭和27年5月24日、同署に労働争議中の花王油脂株式会社工場事務所内に不法に侵入した者のある趣旨の通報があり、これが取締のため、上司の命により沢畠巡査と共に同工場に赴いたところ、労組員等多数の者が、その正門前に集合しているのを認めたが、その際正門附近で、たまたま、該争議の応援に来ていたXを発見し、同人が予て、昭和27年5月1日の皇居前広場及びその附近路上における騒擾事件の被疑者として逮捕状の発せられているXなることを確信し、当時その逮捕状を所持していたわけではなかったが、時の状況に照らし、急速を要する折柄とて、同人に対し、「宮城前の騒擾事件で君に逮捕状が出ているから逮捕する」と告げた上、沢畠巡査をして同人に手錠を掛けさせ同人を逮捕した、という経緯である。

裁判所の判断

　　　　　（なお、昭和28年の本判決における、送り仮名、句読点等は原文どおりとした。）

　「すでに逮捕状の発せられている被疑者を発見した際、たまたまその逮捕状を所持していない場合でも急速を要するときは、被疑者に対し、被疑事実の要旨及び令状の発せられている旨を告げてこれが逮捕状を執行することのできることは、刑事訴訟法第201条第2項、第73条第3項の明定するところであるが、その被疑事実の要旨を告知するには、被疑者に理由なく逮捕するものでないことを一応理解せしめる程度に逮捕状記載の被疑事実の要旨を告げるをもって足り、必ずしも逮捕状記載の被疑事実の要旨一切を逐一告知する<ruby>を<rt>ママ</rt></ruby>要しないものと解するを相当とする。

　蓋し、逮捕状を所持しない者においてたまたま被疑者を発見した際それに記載された被疑事実の要旨を遂一記憶していることの洶（筆者：ふりがな付加）に困難なるにおいてその要旨を遂一告げることを要求することの酷なるは言うまでもないところであり、若し、その要旨を遂一告げなければならないとするときは、たまたま被疑者を発見しながら逮捕できないという捜査上の不都合を生ずるの多きは事の数であって逮捕状なくして被疑者を逮捕できるとしている刑事訴訟法の規定はついに空文に等しいものとなるからである。

　而して同法は逮捕状なくして被疑者を逮捕することを許容する一方、その逮捕後速やかに逮捕状を示すことを要求しているところでもあるから、被疑事実の要旨を告げるのに、逮捕状記載の被疑事実の要旨一切を遂一告げるところがなくとも、理由なく逮捕するものでないことを一応理解せしめる程度に被疑事実の要旨を告ぐるをもって足りるとするも、憲法の保障する人権保護の上において特段に欠くるものありと言うことはできない。

　果して然らば、城、沢畠の両巡査がXを逮捕したのは、昭和27年5月24日のことであって、当時、宮城前の騒擾事件といえば、その日を遡ぼる数旬を出でない同月1日宮城前広場やその附近路上で労働者や朝鮮人等数名と警戒中の多数の警察官との間に発生したいわゆるメーデー事件として普く知られていた騒擾事件を指称するものであることは、常識ある人において何人も容易にこれを理解し得べかりしところであったのだから、城巡査がXに対し『宮城前の騒擾事件で君に逮捕状が出ているから逮捕する』と告げた事実ある以上、殊に当時労働争議の渦中に敢て身を投じつつあった者としてのXにおいて右騒擾事件に関連する犯罪の被疑者として逮捕されるものであることを理解しなかったとは到底考えられないところであるから、そのすでに発せられた逮捕状（記録一八九丁及び一九〇丁）には被疑事実の要旨として、『被疑者は、外9名と共謀の上、昭和27年5月1日午後2時30分より同6時頃までの間に千代田区祝田町皇居前広場及び同区日比谷公園1号地先路上等においてメーデーに参加した学生朝鮮人、自由労働者その他約六千名の多数聚合して前記場所に警戒中の多数警察官に対し殴打、投石等の暴行を加え、因って長岡武外十数名の警察官に対し傷害を負わせ、更に前記場所に駐車中の駐留軍自動車十数台に放火して焼燬し、或は顛覆せしめてこれを破壊する等暴挙を敢てし、以て騒擾をなした際現場において他人に卒先して勢を助けたものである。』とあるからといって、これが被疑事実の要旨を告げたるにおいて不充分であるということはできない。従って、城巡査等によるXの逮捕をもって適法でないとする所論の理由なきは勿論、これが前提に立って被告人等の本件所為を公務の執行妨害でないとする所論は当らない。」

▌東京高裁昭和28年12月14日判決の検討・評価

　本判決は、前掲1「福岡高裁昭和27年1月19日判決」に続き、その翌年になされた判決

であり、逮捕状の緊急執行の適否についての判断である。

　まず、前掲1「福岡高裁昭和27年1月19日判決」は、第201条第2項により逮捕状による逮捕の手続に準用された法第73条第3項（逮捕状を所持しないためこれを示すことができない場合において、急速を要するときは、被疑者に対し被疑事実の要旨及び令状が発せられている旨を告げて、その執行［逮捕］をすることができる。）の要件について、「単に罪名を告げただけでは足りず、被疑事実の要旨を告げていなければならない」から、被疑者に「単に窃盗の嫌疑により逮捕状が発せられている旨即ち罪名を告げたのみで、被疑事実の要旨は告げていないのだから」、「逮捕状の緊急執行の手続要件を欠如するもので、到底該逮捕を目して適法な逮捕とは称し難い。」との判断を示した。

　さらに、進んで、本判決では、「同法は逮捕状なくして被疑者を逮捕することを許容する一方、その逮捕後速やかに逮捕状を示すことを要求しているところでもあるから、被疑事実の要旨を告げるのに、逮捕状記載の被疑事実の要旨一切を遂一告げるところがなくとも、理由なく逮捕するものでないことを一応理解せしめる程度に被疑事実の要旨を告ぐるをもって足りるとするも、憲法の保障する人権保護の上において特段に欠くるものありと言うことはできない。」と判示し、本件においては、「いわゆるメーデー事件として普く知られていた騒擾事件を指称するものであることは、常識ある人において何人も容易にこれを理解し得」たのであるから、Xに対し「『宮城前の騒擾事件で君に逮捕状が出ているから逮捕する』と告げた事実ある以上、殊に当時労働争議の渦中に敢て身を投じつつあった者としてのXにおいて右騒擾事件に関連する犯罪の被疑者として逮捕されるものであることを理解しなかったとは到底考えられないところである」として、メーデー事件として公知の犯罪事実たる宮城前の騒擾事件を指している以上、X自身が自ら関わった犯罪であることを容易に理解できると判断したものである。

　もっとも、本件は大規模な騒擾事件ゆえにこのように判断されたものであり、必ずしも一般化はできないであろう。この点について、さらに言及したものが、次の判決である。

3　東京高裁昭和34年4月30日判決・高刑集12巻5号486頁

判決要旨

> 　刑訴法第201条第2項の準用する第73条第3項により、逮捕状を執行するに当たり、被疑事実の要旨を告知する余裕が存するにもかかわらず、罪名及び逮捕状が発せられている旨を告げたのみで、被疑事実の要旨を告げずになされた逮捕手続は、罪名を告げただけで直ちに被疑事実の要旨を察知することができ、被疑者においても敢えて逮捕状の呈示を求めないような場合でない限り、不適法であって、かかる逮捕行為は、職務の執行に該当しない。

・・・・・・・・・・・・・・・・・・・・・・・・・・・・・ **事案の概要** ・・・・・・・・・・・・・・・・・・・・・・・・・・・・・

⑴　N巡査に対する脅迫事件の被疑者Xを逮捕するため、昭和27年5月22日、山崎警部補
は、逮捕状を所持して他の2名と共に（Xの立ち回り先と見込まれていた）両河内村に
向かい、また、川口巡査と薩川巡査は、Xの自宅に向かったところ、午前11時頃、Xが
自宅に現在していることを確認したので、両巡査は逮捕状を所持している山崎警部補の
廻来を待つことなく、直ちにX宅に赴いた。

⑵　そこで、Xに対し、「あなたがXさんか、5月19日附で静岡地方裁判所の裁判官の脅
迫罪容疑による逮捕状が出ているから逮捕する」旨告げて、手錠を掛けんとしたが、X
は「逮捕状を見せろ、逮捕状がないから逮捕ができない。」と主張して、逮捕されるこ
とを拒み、両巡査に対し、両手を振り廻し、あるいは突きかかる等暴行し、川口巡査に
対し全治5日間、薩川巡査に対し全治1週間を要する各傷害を与えた。

========================= **裁判所の判断** =========================

「既に前段説示のとおり（筆者注：前掲・Ⅰ「急速を要するとき」2　東京高裁昭和34
年4月30日判決）本件逮捕は緊急執行の緊急性の要件としての『急速を要する』場合に該
当するものと認められるのであるから、此の点に関する限りにおいては、川口、薩川両巡
査の本件被告人の逮捕はその職務行為としての適法性を具備するものである。

　然し乍ら、前掲各証拠によれば、本件被告人の逮捕に際して、川口、薩川両巡査におい
て被告人より再々逮捕状の提示を求められたに拘らず、単に被告人に対する脅迫容疑によ
る逮捕状が発布（ママ）されている事実を告げただけであって、被疑事実の要旨は全然これを告げ
なかったこと洵（筆者：ふりがな付加）に明らかである。

　惟うに逮捕状の緊急執行による逮捕手続の方式として逮捕状が発せられていること及び
その被疑事実の要旨を告げるべきことを規定している法意は、逮捕される側に対して既に
逮捕状が発せられていながら、これを示すことができない場合にこれに代る手続として如
何なる被疑事実により逮捕されるものであるかを知らしめ安じてこれに応ぜしめようとす
る趣旨に出でたものであって、その孰れの事項も国民の基本的人権と重大なる関係を有す
るのであって緊急執行手続上欠くことの出来ない重要なる方式と解せられるのである。

　然るに本件逮捕に当っては充分にこれが被疑事実の要旨を告げる余裕が存在するに拘ら
ず（蓋し被告人は再三に渉り逮捕状の提示を求めていることに照らし）、単に脅迫罪によ
る逮捕状が出ている事実を告げたに止まり、被疑事実の要旨を告げなかったのであるから、
此の点において本件逮捕手続たるや不適法のものであって刑法第95条所定の公務員の職務
の執行に該当しないものといわなければならない。

　この点につき所論（筆者注：検察官の控訴趣意）は、前記両巡査は被疑事実の要旨と令状が発せられている旨を告げなければならないのを誤解して、単に罪名と令状が発せられている旨を告げれば足るものと考え、被告人に対し脅迫の容疑により逮捕状が発せられている旨を告げて逮捕せんとしたものであるから、該逮捕行為は法令の定める手続には違背しているけれども、その瑕疵の程度は左程重大ではなく、なお一般の見解上一応形式的には前記巡査等の一般的権限に属する適法な職務行為と解すべき旨主張するのであるが、逮捕のように被逮捕者の基本的人権に重大な制約を加える場合にあっては、逮捕の円滑強力な執行を要請する国家的利益を考慮する必要性の大なることもさることながら、これにより被逮捕者の基本的人権を不当に侵害することのないよう職務行為の適法要件は厳格に解するのが相当であって、逮捕手続を定めている規定を厳格規定と解すべきこと前説示の通りである。

　ところで、所論のように前記警察官において逮捕手続を誤解した為、罪名を告げたに止り、被疑事実の要旨を告げなかったとしても、斯（筆者：ふりがな付加）の如きは逮捕に当り警察官として当然遵守すべき重要な手続を履践していないことは勿論、罪名を告げただけでは、被疑事実の要旨を告知することにより実現しようとした前説示の法の目的を達成し難いと認められるから、罪名を告げただけで直ちに被疑事実の内容を察知することができ、被疑者においても敢えて逮捕状の呈示を求めないような場合は兎も角（筆者：ふりがな付加）として、そうでない限り所論の瑕疵を目して左程重要でない軽微なものと解することは当を得ないものといわざるを得ないのであって、従ってまた斯る（筆者：ふりがな付加）瑕疵ある職務行為を適法なものとは解し難いのである。

　また警察官において、所論のような誤解をした為、本件逮捕を適法と信じたとしても、職務行為が適法要件を備えているか否かは、客観的見地から判断すべきものであるから、この点からも本件逮捕を適法なものとは解し難い。そして本件においては、被告人が再三逮捕状の呈示を求めていることは前説示の通りであり、更に罪名を告げただけで、被告人において被疑事実の内容を察知し得る状況にあったとか、或は現にこれを察知していたものと確認するに足る証拠は存在しないのであるから、孰れの点から考えても所論は採用の限りでない。

　従って原判決が本件逮捕行為は違法なものであり、被告人がこれを排除するため暴行を加えても、公務執行妨害罪は成立せず又暴行により両巡査に傷害の結果を生じても、右両巡査の実力行使を免れるためとっさの間になされた所為であって法律上正当防衛の範囲に属するものと認められるから犯罪の成立を阻却するものとして前記公訴事実につき被告人に対して無罪の言渡をしたのは洵（筆者：ふりがな付加）に相当であって、原判決には所論の如き法令の解釈適用を誤った違法は存しない。所論は畢竟（筆者：ふりがな付加）独

自の見解というの外なく、論旨はその理由がない。」

東京高裁昭和34年4月30日判決の検討・評価

　本判決は、前掲1「福岡高裁昭和27年1月19日判決」、続いて前掲2「東京高裁昭和28年12月14日判決」に続き、逮捕状の緊急執行につき、急速を要する場合に、被疑者に対し「被疑事実の要旨及び令状が発せられている旨を告げて」逮捕することができる（刑訴法第201条第2項の準用する第73条第3項）が、さらに、緊急執行の法意を踏まえて、どの程度「被疑事実の要旨」を告知する必要があるかどうかについて言及したところに、意義を有する。

　本件におけるXの逮捕に際し、Xから「再々逮捕状の提示を求められたに拘らず」、単に「脅迫容疑による逮捕状が発布されている事実を告げただけであって、被疑事実の要旨は全然これを告げなかったこと」を認定した上で、「逮捕のように被逮捕者の基本的人権に重大な制約を加える場合にあっては、逮捕の円滑強力な執行を要請する国家的利益を考慮する必要性の大なることもさることながら、これにより被逮捕者の基本的人権を不当に侵害することのないよう職務行為の適法要件は厳格に解するのが相当であって、逮捕手続を定めている規定を厳格規定と解すべき」であり、それゆえ「本件逮捕手続たるや不適法のものであって刑法第95条所定の公務員の職務の執行に該当しないものといわなければならない。」と判断した。

　その判断をするに際して、逮捕状の緊急執行による逮捕手続の方式としての「逮捕状が発せられていること及びその被疑事実の要旨を告げるべきことを規定している法意」を次のように述べている。

　逮捕状の緊急執行は、「逮捕される側に対して既に逮捕状が発せられていながら、これを示すことができない場合にこれに代る手続として如何なる被疑事実により逮捕されるものであるかを知らしめ安じてこれに応ぜしめようとする趣旨に出でたもの」であるから、その手続を履践すべきことは、「国民の基本的人権と重大なる関係を有するのであって緊急執行手続上欠くことの出来ない重要なる方式」と解せられるのである。

　もっとも、「罪名を告げただけで直ちに被疑事実の内容を察知することができ、被疑者においても敢えて逮捕状の呈示を求めないような場合」でない限り、その「瑕疵ある職務行為を適法なものとは解し難い」のである。

　本件におけるXは、捜査員に対し「再三逮捕状の呈示を求めている」のであり、「更に罪名を告げただけで、」Xにおいて「被疑事実の内容を察知し得る状況にあったとか、或は現にこれを察知していたものと確認するに足る証拠は存在しない」。

　それゆえ、原判決（静岡地裁）が「本件逮捕行為は違法なものであり、被告人がこれを

排除するため暴行を加えても、公務執行妨害罪は成立せず又暴行により両巡査に傷害の結果を生じても、右両巡査の実力行使を免れるためとっさの間になされた所為であって法律上正当防衛の範囲に属するものと認められるから犯罪の成立を阻却するものとして前記公訴事実につき被告人に対して無罪の言渡をしたのは」、「相当」であると判断したものである。

　このように、指名手配に代表される逮捕状の緊急執行について、本判決は、例外的な逮捕状況の場面において、「罪名を告げただけで」、被逮捕者が「被疑事実の内容を察知し得る状況にあったとか、或は現にこれを察知していた」ような場合にあっては、緊急執行ができる余地を考慮した判決ともいえる。

　したがって、具体的な逮捕状況下において、被疑者に対し、罪名を告げたのみで逮捕行為に及んだような場合、例外的に被疑者自らが自己の被疑事実の内容を察知し得る状況にあったとか、あるいは現にこれを察知していたことを、捜査員が当該逮捕状況をとらざるを得なかった状況を疎明し得なければ、緊急執行の要件を欠く（違法な）逮捕行為と評価されよう。

4　大阪高裁昭和36年12月11日判決・下刑集 3 巻11＝12号1010頁

判決要旨

　刑訴法第201条第 2 項及び第73条第 3 項の法意は、被逮捕者が、いかなる被疑事実によって逮捕されるものであるかを知らしめて安んじて逮捕に応ぜしめようとするにあるから、罪名の告知のみで被疑事実の内容を了知し得る状況にある場合には、罪名と令状が発せられていることのみを告げて逮捕しても、必ずしも前記法条に反するものではない。

・・・・・・・・・・・・・・・・・・・・・・・・・・・・・ 事案の概要 ・・・・・・・・・・・・・・・・・・・・・・・・・・・・・

⑴　昭和36年 2 月23日、兵庫県、京都府、大阪府下の暴力団一斉検挙が実施され、被疑者（以下「Ｘ」という。）に対しても傷害の被疑事実について同月11日に逮捕状が発せられ、一斉検挙の対象者とされていたが、大阪府警では、当時Ｘが住居地に居住しているかどうか判然としなかったので、盛り場の喫茶店等に現われるのを待って逮捕しようと努めていた。

⑵　大阪府警南警察署では同署暴力係員を中心に一斉検挙の対象者約30名の検挙に当たっていた関係上、捜査員のうち、いずれがＸを発見し逮捕するか予測できない状態にあったため、Ｘに対する逮捕状は本署において特別暴力係係長が保管し、捜査員は令状を持たないで捜査を進めていたところ、たまたま森、高基の両巡査が同月24日午前 1 時頃、

大阪市南区千年町19番地の店舗「A」に赴いた際、同店2階においてXを発見した。X
はその知人数名と談話中であり、同所はXの関係する南道会の会員や日本青年党の党員
等が常に出入りしているので、ことを荒立てればこれらの者多数が参集し、逮捕が妨害
されることが予想されたので、両巡査はXに逮捕状が発付されていることを告げて納得
させ、南警察署まで任意同行を求め同署において逮捕状を示して逮捕しようとした。
⑶　ところが、Xは2階裏階段より逃走したので森、高基の両巡査は、被疑者を追跡し、
同日午前1時30分頃、大阪市南区長堀橋2丁目23番地先路上において、Xに対し逮捕状
が発付されていることと、罪名を告げて逮捕しようとした際、Xは森巡査に暴行を加え
治療4週間を要する右拇指捻挫等の傷害を与えた。

裁判所の判断

「刑事訴訟法第73条第3項は公訴事実の要旨及び令状が発せられている旨を告げて、そ
の執行をすることができると規定しているのであるから、逮捕状の緊急執行の場合におい
ても、可能である限り逮捕行為の執行前に被疑事実の要旨を告げることが同条の精神であ
るといわなければならない。前記各証拠によれば被告人が逃走を企てる以前において検察
官所論の如く、被告人に対し任意同行を求めたが、被告人が容易にこれに応じようとしな
かったので5分ないし10分間位待機して同人を監視していたのであるから、本件の場合被
疑事実の要旨を告げる時間的余裕は十分あったものと認めることができる。しかも当審に
おける高基巡査の証言、森四雄の司法警察員に対する供述調書によれば両巡査は被告人が
任意同行に応じなければ逮捕を思い止まるという気持ではなく、万一逃走を企てれば逮捕
しようという気構でいたと認められるのであるから、検察官の主張するような理由で本件
の場合被疑事実の要旨を告げる必要はないと解する見解には到底賛意を表することはでき
ない。この点に関する所論は採用できない。

検察官は本件逮捕行為の直前において前記両巡査から傷害で逮捕状が出ている旨告げら
れており、それのみで逮捕状の発せられている被疑事実の内容を察知し得る状況にあった
もので、かつ、被告人は何等被疑事実を問い正していない。本件の場合被疑事実の要旨を
具体的に告げなかったことは刑事訴訟法第201条第2項、第73条第3項の精神に反するも
のとは考えられないと主張する。

よって考察を加えると憲法第34条には何人も理由を直ちに告げられなければ抑留又は拘
禁されないと規定されており、この憲法の規定を具体化した刑事訴訟法第201条第2項、
第73条第3項の規定は、人権と重大な関係を有する規定であるから、逮捕に当って被疑者
に対し、被疑事実の要旨及び令状が発せられている旨を告げないで行う逮捕状の緊急執行
は原則として違法であり、刑法によって保護するに値しないことは原判決の説示のとおり

である。しかしながら、憲法、刑事訴訟法が被疑者を逮捕するに当って右の方式の履践を要求する法意は、被逮捕者が、いかなる被疑事実によって逮捕されるものであるかを知らしめて安んじて逮捕に応ぜしめようとするにあるから、罪名を告げたのみで、被逮捕者が被疑事実の内容を了知し得る状況にある場合には罪名と令状が発せられていることを告げたのみで逮捕しても必ずしも前記法条に違反するものではないといわなければならない。」

大阪高裁昭和36年12月11日判決の検討・評価

⑴　本判決の意義

　逮捕状の緊急執行につき、急速を要する場合に、被疑者に対し「被疑事実の要旨及び令状が発せられている旨を告げて」逮捕することができる（刑訴法第201条第2項の準用する第73条第3項）が、この「被疑事実の要旨」の告知の考え方について、前掲1「福岡高裁昭和27年1月19日判決」、続いて、前掲2「東京高裁昭和28年12月14日判決」、更に、前掲3「東京高裁昭和34年4月30日判決」が判断している。

　とりわけ、前掲3「東京高裁昭和34年4月30日判決」は、罪名を告げただけで直ちに被疑事実の要旨を察知することができ、被疑者においても敢えて逮捕状の呈示を求めないような場合でない限り不適法であって、かかる逮捕行為は職務の執行に該当しない旨判示しているところ、本判決も、東京高裁昭和34年4月30日判決と同様な理解のもとで、例外的に罪名の告知のみで被疑者が被疑事実の内容を了知し得る状況に有る場合には、罪名と令状が発せられていることを告げたのみで逮捕しても刑訴法第201条第2項の準用する第73条第3項に違反するものではない、旨判示しており、重要な意義を有する。

　実務上も逮捕の現場にあって、被疑者の多くは素直に逮捕手続に従うのが通常であるが、時には捜査員に詭弁を弄して逃走を図るなどの挙に出る被疑者も存しているのも事実である。その視点から本判決は、実務に配慮しつつ、刑訴法第201条第2項の準用する第73条第3項の法意を踏まえ、上記のような判断を示したものである。

⑵　本判決が上記規範に即して本事案に係る緊急執行の適否を判断

　本判決は、まず、Xの司法警察員に対する供述調書（同年3月17日付け）、逮捕に当たった高基巡査の公判証言によると、Xは「飲食店『A』の2階において高基巡査から傷害罪で逮捕状が出ているから、ちょっと来て貰いたいと言われた際に、『判ってまんが一寸待って下さい云々』と答えた事実を認めることができる。」と認定した。

　しかし、本判決は、「被逮捕者が罪名と令状の発せられていることを告げられて判っていますといい、被疑事実の要旨告知を求めない場合にまで被疑事実の要旨を告げなければ逮捕することができないと解するのは行き過ぎである。」としつつ、「ただ、判っていますといっても、真実被疑事実の要旨を了知しているのかどうか疑のもたれる場合は原則に

たちかえって被疑事実の要旨を告げなければならないこと勿論である。」と解した。

その上で、当時、Xは自身に係る別件事件（暴力行為等処罰に関する法律違反、傷害事件）が大阪地方裁判所に係属中で、当該被告事件について保釈を取り消されていたところから、Xは高基巡査が「保釈取消による勾留状の執行に来たものと感違いをして『判っています』といったものであると弁解」したことに対し、本判決は、その「弁解が真実であるとしても、前記各証拠によれば高基、森両巡査等は被告人が保釈取消中であったということを全く知らなかったものであり、被告人は判っているといった後暫く待って欲しいといって任意同行に応じようとはしなかったが、被疑事実について問い正そうともせず、しかも当時捜査の対象とされていた被告人に対する被疑事件は逮捕状の発布されていた傷害事件のみであったから、右両巡査が真実被告人において被疑事実を了知していないのではないかと疑うに足る事情は存在しなかったものと認めることができる。」と認定した。

これを前提に、本判決は、「このような事情のもとにおいて、同巡査等の被疑事実の要旨を告げないでした逮捕行為は原判決のいうごとく保護に値しない不適法な職務執行であるとは到底考えることができないのであって、適法な職務執行として刑法の保護を与えるのが相当である。」と判断した。

⑶　緊急執行の要件の解釈につき、本判決により確立

刑訴法第201条第2項の準用する第73条第3項を根拠とする逮捕状の緊急執行につき、「急速を要するとき」に、被疑者に対し「被疑事実の要旨及び令状が発せられている旨を告げて」逮捕することができるが、問題は、当該逮捕行為に際し、必ずしも「被疑事実の要旨」を告げるのでなく、罪名と令状（通常逮捕状）が発付されている旨を告げたにすぎない場合について、本判決は、実務上の対応を踏まえ、刑訴法第201条第2項の準用する第73条第3項の法意の下で、これまでの裁判例（前掲1「福岡高裁昭和27年1月19日判決」、前掲2「東京高裁昭和28年12月14日判決」、前掲3「東京高裁昭和34年4月30日判決」）を踏まえ、合理的な解釈を図ったところに重要な意義を有するといえる。この問題は、本判決によりその解釈が確立したといってもよいだろう。

つまり、本判決で明示されたように、刑事訴訟法第201条第2項、第73条第3項の規定は、憲法第34条の規定を具体化したものであり、それは人権と重大な関係を有する規定であるから、逮捕に当たって被疑者に対し、被疑事実の要旨及び令状が発せられている旨を告げないで行う逮捕状の緊急執行は原則として違法である（それゆえ、刑法によって保護するに値しない。）。

しかしながら、憲法、刑訴法が被疑者を逮捕するに当たって当該方式の履践を要求する法意は、被逮捕者（被疑者）が、いかなる被疑事実によって逮捕されるものであるかを知らしめて、安んじて逮捕に応ぜしめようとするにあるから、（逮捕行為に当たる司法警察

職員が）罪名を告げたのみで、被逮捕者（被疑者）が被疑事実の内容を了知し得る状況にある場合には、罪名と令状が発せられていることを告げたのみで逮捕しても必ずしも当該法条に違反するものではないと解される。

　そこで、様々な捜査現場（特に、被疑者の突然の逃走、逮捕行為に対する他者の妨害行為など）において、このような例外的措置をとらざるを得ないような場合にあって、特に留意すべきことは、被疑者自らが被疑事実の内容を了知し得る状況にあったといえるかどうかにつき、逮捕時における被疑者の突然の逃走行為や他者の妨害行為などの客観的状況に加え、捜査員に対する被疑者の言動等を明らかにしておくことが重要であるといえる。

緊急逮捕

1 緊急逮捕の本質（性格）

1 課　題

　緊急逮捕状の発付を受けた後において、通常逮捕における緊急執行（刑訴法201条2項、73条3項ただし書「令状は、できる限り速やかにこれを示さなければならない。」）の場合と異なり、事後において被疑者に対する緊急逮捕状の呈示義務の規定がおかれていないのは、どのような理由に基づくのであろうか。

　刑訴法上、緊急逮捕状発付後における被疑者に対する当該令状の呈示義務が設けられていない。実務上、当該令状が発付され次第、速やかに被疑者に呈示しているが、呈示義務規定がないのは、法の欠缺なのであろうか。

　【この問題は、かつて石毛平藏著（裁判官）『捜査・令状の基本と実務［令状裁判官と警察実務家とのQ＆A］』（編集協力細谷芳明）（東京法令出版、平成4年）の中で、質疑したこともあり、実務上も依然として重要なことから検討することとした。】

　ここで、緊急逮捕の本質（性格）を考える上で、参考となる判例として、最高裁昭和30年12月14日大法廷判決・刑集9巻13号2760頁があるので、まず紹介する。

2　最高裁昭和30年12月14日大法廷判決・刑集9巻13号2760頁

> **判決要旨**
>
> 　厳格な制約の下に、罪状の重い一定の犯罪のみについて、緊急やむを得ない場合に限り、逮捕後直ちに裁判官の審査を受けて逮捕状の発行を求めることを条件として、被疑者の逮捕を認めることは、憲法33条の規定の趣旨に反するものではない。

・・・・・・・・・・・・・・・・・・・・・・・・・・・ **事案の概要** ・・・・・・・・・・・・・・・・・・・・・・・・・・・

(1)　被疑事実

　被疑者X（以下「X」という。）は、昭和24年3月27日頃、徳島県麻植郡木屋平村地内の山林内からA所有の棕梠皮590枚位（時価593円位）、及び同月29日頃、同所から同人所有の棕梠皮120枚位（時価324円位）を窃取したとして、駐在所勤務の両名の巡査から、自宅で緊急逮捕されようとした際、逮捕を免れようとして、両巡査に暴行を加えて傷害を与え、公務の執行を妨害したというものである。

(2)　逮捕時の状況

　昭和24年4月6日午前8時頃、阿川巡査、酒巻巡査の両名は、Xが棕梠皮を窃取するのを見たとの連絡を受けたことから、私服にてX方に赴き、身分を告げて「棕梠皮のことにつき、一寸駐在所まで来て貰いたい」と言ったところ、Xは病気と称してこれに応ぜず、阿川巡査はXが嘘をついているものと思い、再び「来て貰いたい」と言うと、Xは顔を見

せず奥から大声で、「行けないから行けぬ」と叫ぶので、同巡査は証拠隠滅、逃亡のおそれがあると思い、出頭してくれなければ緊急逮捕する旨告げ、裏からの逃亡を防ぐため表に出た途端、戸が閉められた。戸外にいた酒巻巡査は逃亡するかもしれないと思い裏手にまわったところ、5分位して表戸が開いたので、この音に酒巻巡査も表に廻った。この時、Xは、つつじの棒を持って出て来て、「逮捕するならしてみよ」と、やにわに阿川巡査の頭に殴りかかり、「お前等を先に殺してしまう」と暴言を吐き、同巡査は体をかわし、Xと両巡査との組み打ちとなり、高さ三尺の崖下に3人一緒に落ちたが、結局、Xは組み伏せられた。

その際、酒巻巡査はXに引っ掻かれて右頬等に加療2週間を要する傷害を受けた。

当該逮捕につき、脇町簡易裁判所から緊急逮捕状が発せられた。

第一審・徳島地裁脇町支部（昭和24年6月23日判決）は、森林法違反、公務執行妨害罪、傷害罪により有罪（懲役10月）となった。Xは緊急逮捕が憲法33条に反するなどとして争ったものである。

※　**高松高裁昭和26年7月30日判決**（前掲・最高裁大法廷判決・刑集9巻13号2770頁。以下「高松高裁判決」という。）

Xの控訴を棄却するとともに、緊急逮捕が憲法33条規定の趣旨に反するとの主張に対し、高松高裁は「緊急逮捕は逮捕状による逮捕」と解し、次のように判示した。

「刑事訴訟法第210条は検察官、検察事務官又は司法警察職員は、死刑又は無期若しくは長期3年以上の懲役若しくは禁錮にあたる罪を犯したことを疑うに足りる充分な理由がある場合で急速を要し、裁判官の逮捕状を求めることができないときは、その理由を告げ被疑者を逮捕することができる。この場合には直ちに裁判官の逮捕状を求める手続をしなければならない。逮捕状の発せられないときは、直ちに被疑者を釈放しなければならないと規定して緊急逮捕を認めているが、かような緊急逮捕もやはり逮捕状による逮捕と考えるべきであって、憲法第33条の精神に反するものとは解せられない。緊急逮捕と通常逮捕との差異は逮捕状の発付が逮捕の事前であるか事後であるかの点である。しかも事後とは言え逮捕に接着した時期において逮捕状が発せられるかぎり逮捕手続としては、全体として逮捕状に基づくものと言うことができる。従って緊急逮捕は必ずしも憲法第33条に違反するものではない。」

＋α　プラス・アルファ

【高松高裁判決に影響を与えたとみられる学説】

　高松高裁判決は、緊急逮捕につき、「事後とは言え逮捕に接着した時期において逮捕状が発せられるかぎり逮捕手続としては、全体として逮捕状に基づくものと言うことができる。」としている。これは、団藤重光教授の次の見解（刑事訴訟法要綱 5 訂版289頁）に依拠しているものといってもよい。

　「かような緊急逮捕も、やはり逮捕状による逮捕と考えらるべきである。通常逮捕との差異は逮捕状の発付が事前であるか、事後であるかの点である。しかも、事後とはいえ、逮捕に接着した時期において逮捕状が発せられるかぎり、逮捕手続は全体としてみるときは逮捕状にもとづくものということができる。かようにしてわたくしは―相当に疑問の余地があるが―緊急逮捕をかならずしも憲法33条に違反するものではないとおもう。」

　本判決は、当該学説を踏襲しているといえよう。

　また、松尾浩也監修『条解　刑事訴訟法　第 5 版』441頁も、「緊急逮捕を全体として令状による逮捕と解する前説を妥当としよう。」との立場である。

最高裁判所の判断

　「所論は、刑訴210条が、検察官、検察事務官又は司法警察職員に対し逮捕状によらず被疑者を逮捕することができることを規定しているのは憲法33条に違反するというのである。しかし刑訴210条は、死刑又は無期若しくは長期 3 年以上の懲役若しくは禁錮にあたる罪を犯したことを疑うに足る充分な理由がある場合で、且つ急速を要し、裁判官の逮捕状を求めることができないときは、その理由を告げて被疑者を逮捕することができるとし、そしてこの場合捜査官憲は直ちに裁判官の逮捕状を求める手続を為し、若し逮捕状が発せられないときは直ちに被疑者を釈放すべきことを定めている。

　かような厳格な制約の下に、罪状の重い一定の犯罪のみについて、緊急已むを得ない場合に限り、逮捕後直ちに裁判官の審査を受けて逮捕状の発行を求めることを条件とし、被疑者の逮捕を認めることは、憲法33条規定の趣旨に反するものではない、されば所論違憲の論旨は理由がない。」

緊急逮捕の本質（性格）をどのように考えるか

(1)　大法廷判決は、緊急逮捕の合憲性の態度は不明確

　高松高裁判決は、前述のとおり緊急逮捕は逮捕手続としては全体として逮捕状による逮捕と解しているのに対し、最高裁大法廷判決は、「かような厳格な制約の下に、罪状の重い一定の犯罪のみについて、緊急已むを得ない場合に限り、逮捕後直ちに裁判官の審査を受けて逮捕状の発行を求めることを条件とし、被疑者の逮捕を認めることは、憲法33条規定の趣旨に反するものではない。」と判示しているだけで、現行犯逮捕以外に保障される令状主義（憲法33条）につき、憲法33条の趣旨に反しない、とする結論を示したのみのため、緊急逮捕の性格は判然としない。

ただ、緊急逮捕につき、「憲法33条の趣旨に反するものではない」との結論を導く過程で、「逮捕後直ちに裁判官の審査を受けて逮捕状の発行を求めることを条件とし」との説示からすると、令状による逮捕に含めて考えるとしているようにも読めるが、その態度は不明確である。

⑵　小谷勝重、池田克の両裁判官補足意見は、現行犯逮捕と同様な例外規定と評価

　ここで、注目すべきは、判決の小谷勝重裁判官と池田克裁判官の補足意見である。

　両裁判官の補足意見は、次のとおりである。

　「令状主義の原則をもって捜査を規律して例外の場合を一切否定することは、捜査上迅速に被疑者の保全を必要とする場合があり、そのために被疑者を逮捕することもやむを得ないと認められるようなときでも、これが許されないこととなり、捜査を全うし難いこととなるのであって、憲法は、かかる場合の要請の合理性を認め、現行犯（本来の現行犯といわゆる準現行犯とを含むものと解する）の場合には、裁判官の発する令状によらないでも逮捕できるものとして、令状主義の保障からこれを除外しているのである。蓋し、事態の性質上、急速を要するばかりでなく、犯罪の嫌疑が明白であって、裁判官の判断を待つまでもないからである。してみると、この理は、現行犯に限らず、その以外の右に準ずる場合についても考えられるところであって、刑訴210条のいわゆる緊急逮捕は、あだかもその場合にあたるものとして認められたものと解釈されるのである。すなわち、同条の規定するところによれば緊急逮捕のできる場合は、死刑又は無期若しくは長期3年以上の自由刑にあたる罪を犯したことを疑うに足りる充分な理由があり、急速を要し、裁判官の逮捕状を求めることができないときに限られているばかりではなく、その上になお、逮捕にあたっては、被疑者に対してその理由を告げなければならず、逮捕後は、直ちに裁判官の逮捕状を求める手続をしなければならないとされているのであって、これによっても明らかなとおり、犯罪の嫌疑は、当該捜査機関の主観的判断では足らず、客観的妥当性のある充分な理由の存する場合であるから、現行犯の場合に準じて考えられる明白な根拠をもち、裁判官の判断を待たないでも過誤を生ずるおそれがないものとしなければならない。それにも拘らず、刑訴法が逮捕後直ちに逮捕状を請求して裁判官の判断を受くべきものとしているのは、現行犯のような羅馬法以来の伝統に由来するものでないために、法律は、謙抑の態度をとったことによるものと解されるのである。されば、刑訴210条の緊急逮捕の規定は、令状の保障から除外している憲法33条の場合の枠外に出たものではなく、同条の除外の場合を充足したものと認めることができるから、適憲であると解するを相当とするものと考える。のみならず、憲法上逮捕は、被疑者の身体を拘束し、これを必要な場所へ引致して留置する継続的性質をもった行為であることからみると、被疑者を拘束してから直ちに裁判官の逮捕状を求めて逮捕状が発せられたときは、なお且つ逮捕状による逮捕と認

めることを妨げないとも解されるのであって、右いずれの点からみても、違憲の主張は理由がない。

　なお、緊急逮捕は、その効力の消滅を裁判官の逮捕状が発せられないときにかからしめられているものと解すべきであるから、逮捕状が発せられなければ、逮捕はその効力を失い、直ちに被疑者を釈放すべきであり、刑訴210条1項後段は、この当然の事理を規定したものに外ならない。」

　前記補足意見は、現行犯逮捕の規定が「事態の性質上、急速を要するばかりでなく、犯罪の嫌疑が明白であって、裁判官の判断を待つまでもないからである」としつつも、「この理は、現行犯に限らず、その以外の右に準ずる場合についても考えられるところであって、刑訴210条のいわゆる緊急逮捕は、あだかもその場合にあたるものとして認められたものと解釈されるのである。」と説示していることからすると、緊急逮捕も現行犯逮捕に準ずる場合として、令状主義の例外として認められる合理的なもので、事後の令状発付は、法律が謙抑の態度をとったことによる、との理解が可能である。

緊急逮捕につき、令状発付後の呈示規定がない理由

　被疑者を緊急逮捕した場合、刑訴法第211条は通常逮捕の規定を準用するが、準用規定は第202条乃至第209条であり、第201条（通常逮捕における令状呈示規定）を準用していない。

　通常逮捕の場合には、逮捕時に被疑者に対する逮捕状の呈示義務（第201条第1項）、事前に通常逮捕状の発付を受けている緊急執行の場合でさえも、被疑事実の要旨及び令状が発せられている旨の告知、当該令状は「できる限り速やかにこれを示さなければならない。」（第201条第2項、第73条第3項）との令状呈示義務を定めている。

　しかし、緊急逮捕（第210条第1項）は、死刑又は無期若しくは長期3年以上の自由刑にあたる罪を犯したことを疑うに足りる充分な理由があり、急速を要し、裁判官の逮捕状を求めることができないときは、その理由を告げて逮捕し、逮捕後は、直ちに裁判官の逮捕状を求める手続をしなければならないとされている。

　しかし、緊急逮捕後に、裁判所（裁判官）からの当該令状が発付されたとしても、被疑者に対する当該令状の呈示義務規定が設けられていないのは、どのように理解するべきであろうか。

　緊急逮捕する場合、被疑者に対し、逮捕時に逮捕の理由と急速を要するために裁判官の令状を求めるいとまがないことを告げて逮捕するが、被疑者にとっては、逮捕理由等の告知がなされたとしても、規定上から事後に緊急逮捕状が呈示されないということは被疑者の防御権も失するのではないか（被疑者にとって逮捕状の発付の可否は重大な関心事であ

る。）との懸念がある。

　実務上は、呈示義務規定がなくとも、令状発付後には、被疑者に速やかに令状を呈示している実情にある。

　しかし、令状発付後の呈示義務規定が欠缺しているということは、緊急逮捕の本質（性格）をどのように理解するかに連なるものではないかとも考えられる。

⑴　緊急逮捕が、事後とはいえ逮捕に接着した時期において逮捕状が発せられる限り、逮捕手続としては全体として逮捕状（令状）による基づくとの理解に立てば、通常逮捕における緊急執行との均衡上、当然、呈示義務規定が設けられてしかるべきであるといえよう。

⑵　他方、補足意見のように、緊急逮捕も現行犯逮捕に準ずる場合として、令状主義の例外として認められる合理的なもので、事後の令状発付は、法律が謙抑の態度をとったことによるとの理解に立てば、令状発付後の呈示義務規定がないとしても、その理解が可能であろう。

⁺α　プラス・アルファ

　ちなみに、かつて、（筆者は）石毛平藏・令状裁判官に「令状執行の大切な要件の一つである令状の呈示についての規定を、緊急逮捕状の場合に欠いているのはなぜなのでしょうか。これをどのように理解すべきでしょうか。」とその教示を賜ったことがある[38]。

　「刑訴法では、緊急逮捕後、速やかに逮捕状を被疑者に示さなければならないという逮捕状の緊急執行のような規定はないのです。緊急逮捕が令状による逮捕であるならば、直ちに逮捕状の請求をしない場合は、当然、却下されますし、その『直ちに』の解釈も厳格に行われるはずです。（令状呈示規定を欠いているのは、）緊急逮捕は、令状による逮捕ではないのではないでしょうか。

　最高裁大法廷判決は、『厳格な制約の下に、罪状の重い一定の犯罪のみについて、緊急已むを得ない場合に限り、逮捕後直ちに裁判官の審査を受けて逮捕状の発行を求めることを条件とし、被疑者の逮捕を認めることは、憲法33条規定の趣旨に反するものではない。』としている。」

　「その含蓄するところを理解すべきでしょう。緊急逮捕は、憲法33条の規定そのものには、形式上反するかもしれないが、令状主義を定めた精神には反するものではないとしているものと受け取ることができるのです。それは、令状による逮捕であるから違憲ではないとしたものではありません。だから、緊急逮捕は、令状主義の例外なのです。例外の適用は厳格でなければなりません。逮捕状の呈示の規定を欠くのは、請求が却下された場合は、そもそも呈示ができませんし、緊急逮捕状の請求が、過去の逮捕行為の追認を求めるという意味を持つことから、その他の令状のように、呈示を逮捕状やその他の令状のような執行行為の要件とはできないところからきていると理解するのです。」

---

[38]　石毛平藏（裁判官）『捜査・令状の基本と実務［令状裁判官と警察実務家とのＱ＆Ａ］』（編集協力細谷芳明）（東京法令出版、平成４年）142頁。

2 逮捕状の請求要件である「直ちに」の意義

1　京都地裁昭和45年10月 2 日決定・判例時報634号103頁

決定要旨

　刑訴法第210条第 1 項にいう「直ちに」とは、単に緊急逮捕から逮捕状の請求までの所要時間の長短のみでなく、被疑者の警察署への引致、逮捕手続書等書類の作成、疎明資料の調整、書類の決裁等警察内部の手続に要する時間、及び事件の複雑性、被疑者の数、警察署から裁判所までの距離、交通機関の事情等も考慮に入れて判断すべきものであり、緊急逮捕後「できる限り速やかに」という意味であるが、深夜のために担当裁判官が翌朝にと指示した場合でも、緊急逮捕の約12時間半後の翌朝に逮捕状を請求したことは「直ちに」なしたものとは称し難く、違法の評価を免れない。

・・・・・・・・・・・・・・・・・・・・・・・ 事案の概要 ・・・・・・・・・・・・・・・・・・・・・

①　被疑者Ｘ（以下「Ｘ」という。）は、昭和45年 9 月27日午後 7 時30分頃、傷害罪に係る暴力行為等処罰に関する法律（第 1 条の 3 ）違反被疑事件で京都府太秦警察署の捜査員により緊急逮捕された。

②　捜査員は、裁判所の指示により翌28日午前 8 時頃、右京簡易裁判所裁判官に対し、同違反被疑事件として逮捕状の請求をし、同裁判官から同日午前 9 時30分頃、緊急逮捕状が発付された。その後、Ｘは、京都地方検察庁検察官に送致された。

③　京都地方検察庁検察官は、同月29日、京都地方裁判所裁判官に対し、Ｘに対する勾留請求をしたところ、同裁判官は翌30日、本件は緊急逮捕後「直ちに」裁判官の逮捕状を求める手続がなされているとは認められず、逮捕手続が違法である、との理由で当該請求を却下したため、同検察官が、同日、準抗告の申し立てをした（勾留請求却下の裁判に対する準抗告申立事件）。

═══════════════════ 裁判所の判断 ═══════════════════

「　　　　主　文
　原裁判を取消す。被疑者を京都拘置所に勾留する。

　　　　理　由
　（二）　ところで、緊急逮捕に関する刑事訴訟法第210条第 1 項は、「直ちに裁判官の逮捕状を求める手続をしなければならない」と定め、これを緊急逮捕適法性の要件の一つとしている。しかして、緊急逮捕が憲法第33条に適合するものであることは、夙に判例の明示するところであるが、同条は、令状主義の例外として現行犯逮捕の場合のみを容認してい

るのであるから、現行犯の場合よりも、被疑者と犯罪行為との結びつきが希薄な緊急逮捕にあっては、刑事訴訟法第210条第1項の規定を厳格に解釈し、捜査官は、直ちに裁判官の逮捕状を求める手続をし、その審査を経由して捜査手続の適法性を担保することにより、初めて緊急逮捕の合憲性が肯定されるものと解すべきである。

　それでは、右にいう「直ちに」とはこれをどのように理解すべきであろうか。もと憲法がいわゆる令状主義を原則として規定したのは、これによって、捜査官の捜査手続における恣意的な運用、あるいは、捜査権の濫用による弊害を事前に防止しようとする趣旨であるのであるから、例外的な緊急逮捕の場合についても、「直ちに」を、右の趣旨にそうよう厳格に解釈しなければならないが、直ちに手続がなされたかどうかは、単に緊急逮捕したときから逮捕状の請求が裁判所に差し出されたときまでの所要時間の長短のみによって判断すべきではない。被疑者の警察署への引致、逮捕手続書等書類の作成、疎明資料の調整、書類の決裁等警察内部の手続に要する時間、および、事件の複雑性、被疑者の数、警察署から裁判所までの距離、交通機関の事情等も考慮の外におくべきでなく、したがって、このような観点からすると、右にいう「直ちに」は、緊急逮捕後「できる限り速かに」という意義に解するを相当とする。

　（三）　これを本件についてみるに、前記のとおり、本件逮捕状の請求は、緊急逮捕時である同月27日午後7時30分頃から約12時間30分経過した後になされている。そして、京都地方検察庁検察事務官および当裁判所書記官作成の各電話聴取書等によれば、京都府太秦署司法巡査は、前記のように緊急逮捕後、同日午後10時頃、右京簡易裁判所裁判官に逮捕状の請求をするため、同裁判所の当直員である裁判所書記官に対し、今から逮捕状の請求に赴く旨連絡し、同書記官は、その旨担当裁判官に告げたところ、同裁判官は、同書記官を通じて、深夜でもあり、翌朝にしてもらえればよい旨指示したので、司法巡査は、その指示に従い、前記のような時間を経過した後翌28日午前8時頃逮捕状の請求をしたこと。並びに、同日午前9時30分頃、本件逮捕状が発付されたことが認められる。

　しかして、このように逮捕状の請求が遅延するに至ったのは、前記のように、裁判官の指示に従ったことによる事実が認められるのであるが、たとえ、かような事実が介在したとしても、それは、右の「直ちに」の判断資料として考慮に入れるべき性質のものとは解されない。

　したがって、司法巡査が緊急逮捕後約12時間30分経過した後になした本件逮捕状の請求は、右にいう「直ちに」なしたものとは称し難く、違法の評価を免れない。

　（四）　そこで、違法な逮捕手続を前提とする被疑者勾留請求の適否について勘案するに、刑事訴訟法上、逮捕手続の違法性に関しては、被疑者に不服申立の手段が認められていないこと、および、法の基本的精神である手続の厳格性が要請されていること等に鑑みると、

逮捕手続に違法性が認められた場合には、その逮捕を前提とする勾留請求は原則として許されないものと解すべきである。しかしながら、被疑者に再逮捕、再勾留される不利益を招くおそれがある場合や、勾留の実質的要件を具備している場合に、その被疑者を単なる勾留の前段階における手続上の瑕疵を理由に釈放することは、却って社会正義に反すると認められる場合もありうるであろう。もとより逮捕手続の違法が重大かつ明白な場合には、勾留請求を却下して、その違法性を正し、他の戒めともなすべきであるが、その程度に至らない手続上の瑕疵に止まる場合には、諸般の事情を総合して勾留請求を許容しても、必ずしも令状主義を認めた法意にもとらないものと解すべきである。

　そこで、本件逮捕状の請求を、その手続の経緯等に照らして考察するに、前記のとおり、捜査官は、被疑者逮捕後約2時間30分経過した午後10時頃、これから逮捕状の請求に赴く旨裁判所に連絡しているのであるから、捜査官は、この段階において、すでに逮捕状請求の手続に着手したものと認めて差支えないといえるし、捜査官が、担当裁判官の指示を信じて請求自体を遅延させたことの非は糾弾されるべきであるが、ともかくも担当裁判官の指示に従って請求したものであることや、その連絡をして指示を受けたのが、午後10時を過ぎて深夜に近い時刻であったことなど、捜査官の過失を一方的に責め難い情況が見受けられるのであるから、これら諸般の事情を総合すると、本件につき、請求遅滞のため逮捕手続が違法であるとの一事をとらえて、勾留請求を却下するほどの理由となすことはできないものといわなければならない。

　（五）　以上のような理由により、本件勾留請求を却下した原裁判は相当でなく、他に右勾留請求を違法として却下すべき理由も認められないので、さらに、勾留の理由および必要性について順次検討する。

　（六）　本件資料によれば、被疑者が本件被疑事実を犯したことを疑うに足りる相当な理由があることが認められる。

　そこで、刑事訴訟法第60条第1項各号の要件に該当する事由の有無について検討するに、本件資料によれば、被疑者は、昭和45年4月25日に京都刑務所を出所して、肩書住居である京都感化保護院に居住していたのであるから、定まった住居を有しないとは認められない。また、本件の罪質および犯行の動機、態様並びに供述の経緯等に鑑みると、被疑者が本件関係人に働きかけるなどして、罪証を隠滅すると疑うに足りる理由がないとはいえないが、本件犯行の外形的事実等に関する証拠は、概ね蒐集されていることなどに照らして考察すると、被疑者が本件の罪証を隠滅すると疑うに足りる相当な理由があるとまでは認められない。

　しかし、被疑者は、刑務所から出所後間もなく本件犯行を犯し、前記感化保護院に居住している者であって、無職、単身であり、大半の粗暴犯を含む前科15犯を重ねていること

や、本件罪質等を合わせ考えると、被疑者は逃亡すると疑うに足りる相当な理由があるものと認められ、かつ被疑者を勾留する必要も存するものといわなければならない。

（七）　よって、刑事訴訟法第432条、第426条第2項を適用して原裁判を取消し、被疑者を勾留することとして主文のとおり決定する。」

▌京都地裁昭和45年10月2日決定の検討・評価

本決定は、緊急逮捕における逮捕状の請求が裁判官の指示により翌朝まわしとなった場合につき、その請求を違法に遅延したものとしながらも勾留請求を認容した事例である。

本決定は、緊急逮捕（刑訴法210条）の要件の一つである当該令状請求における「直ちに」の意義を明らかにするとともに、勾留請求認容に当たり裁判官の指示により請求遅延が生じた場合における請求認容の理由を判断したところに、実務上も極めて参考となる。

⑴　「直ちに」の意義

まず、本決定は、現行犯逮捕の場合よりも、被疑者と犯罪行為との結びつきが希薄な緊急逮捕にあっては、「刑事訴訟法第210条第1項の規定を厳格に解釈し、捜査官は、直ちに裁判官の逮捕状を求める手続をし、その審査を経由して捜査手続の適法性を担保することにより、初めて緊急逮捕の合憲性が肯定される」との前提に立って、次のように「直ちに」の解釈を導いている。

つまり、憲法が令状主義（第33条、35条）を採用したのは、捜査機関による捜査手続における恣意的な運用、捜査権の濫用による弊害を事前に防止しようとする趣旨であるから、例外的な緊急逮捕の場合についても、「直ちに」をその趣旨に沿うよう厳格に解釈しなければならないとする。

その上で、「直ちに」その手続がなされたかどうかは、単に緊急逮捕したときから逮捕状の請求が裁判所に差し出されたときまでの所要時間の長短のみによって判断すべきではなく、「被疑者の警察署への引致、逮捕手続書等書類の作成、疎明資料の調整、書類の決裁等警察内部の手続に要する時間、および、事件の複雑性、被疑者の数、警察署から裁判所までの距離、交通機関の事情等も考慮」しつつ、その観点から判断すべきである。そして、「直ちに」とは、「緊急逮捕後『できる限り速やかに』という意義に解する」のが相当であるとした。

昭和45年当時に判示した本決定は、捜査機関側の様々な事情を考慮しつつ、判断指標を提示したものであり、50年余を経ているが、今日においてもなお、捜査事情にも深く配慮した決定として高く評価できる。

⑵　令状請求が裁判官の指示により翌朝まわしとなった場合の適否の判断

1）　本件は、勾留請求（裁判）の段階で、逮捕状請求の遅延が違法とされ、検察官の

勾留請求が却下されたことから、検察官により準抗告された「勾留請求却下の裁判に対する準抗告申立事件」である。

　昭和45年９月27日午後７時30分頃、傷害罪に係る暴力行為等処罰に関する法律（第１条の３）違反被疑事件で京都府太秦警察署の捜査員は、Xを緊急逮捕し、同日午後10時頃、右京簡易裁判所裁判官に逮捕状の請求をするため、同裁判所にその旨連絡したところ、翌朝に請求するよう指示を受けたことから、翌28日午前８時頃、逮捕状の請求をしたものであった。

　結果として、本件逮捕状の請求は、緊急逮捕時である同月27日午後７時30分頃から約12時間30分経過した後になされたものであった。その後、同日午前９時30分頃、緊急逮捕状が発付された。

　そして、Xは、京都地方検察庁検察官に送致され、勾留請求裁判において、緊急逮捕の約12時間半後の翌朝に逮捕状を請求したことは「直ちに」の要件を欠く（緊急逮捕手続が違法）として、勾留請求が却下されたことから、検察官において準抗告が申し立てられた。

　本決定では、捜査機関において、裁判官の指示に従ったことにより、逮捕状の請求が遅延するに至ったもので、捜査機関側には何ら落ち度はなかったという背景事情があったとしても、それらは「『直ちに』の判断資料として考慮に入れるべき性質のものとは解されない」、「緊急逮捕後約12時間30分経過した後になした本件逮捕状の請求は、『直ちに』なしたものとは称し難く、違法の評価を免れない。」と判断した。

2）　裁判所の示した判断枠組み（考え方）

ア　原則及びその修正

　(ア)　原　則

　　刑事訴訟法上、逮捕手続の違法性に関しては、「被疑者に不服申立の手段が認められていないこと」、および、「法の基本的精神である手続の厳格性が要請されていること」等に鑑みると、「逮捕手続に違法性が認められた場合には、その逮捕を前提とする勾留請求は原則として許されない」ものと解すべきである。

　(イ)　その修正

　　もっとも、逮捕手続の違法が重大かつ明白な場合には、「勾留請求を却下して、その違法性を正し、他の戒めともなすべきである」が、「その程度に至らない手続上の瑕疵に止まる場合には、諸般の事情を総合して勾留請求を許容しても、必ずしも令状主義を認めた法意にもとらない」ものと解すべきである。

イ　本決定を踏まえた捜査機関の対応

　本件事案の捜査員は、被疑者逮捕後約２時間30分経過した午後10時頃、これから

逮捕状の請求に赴く旨裁判所に連絡している。

　この点につき、現在の実務において基本的には、約3時間程度の令状請求事務（緊急逮捕令状請求書の作成、一定の重大な罪を犯したことを疑うに足りる充分な理由の疎明資料作成、内部決裁等）が必要とされるところ、本事案においても、被疑者を逮捕後約2時間30分経過した午後10時頃に請求事務を終えて、裁判所にあらかじめ連絡しており、法の趣旨に即した適正な手続と評価できる。

　その後、捜査員は、担当裁判官の指示に従って翌朝、請求したものであることなどを踏まえると、本決定も言及しているように、裁判所に対する当該請求が「午後10時を過ぎて深夜に近い時刻であったことなど、捜査官の過失を一方的に責め難い情況が見受けられるのであるから、これら諸般の事情を総合すると、本件につき、請求遅滞のため逮捕手続が違法であるとの一事をとらえて、勾留請求を却下するほどの理由となすことはできないものといわなければならない」としており、裁判所側の事情によって令状請求が遅延したことを念頭においた判示をしている。

　筆者においても、（本事案とは異なるが、）本決定当時と同様な昭和40年代において、刑事課員として、深夜に被疑者を緊急逮捕し、その令状請求事務に従事し、事前に裁判所に連絡の上、令状請求書を裁判所に届け当該逮捕状の発付を求めたところ、翌朝に発付する旨の連絡を受け、翌朝受領した経験がある。

　なお、現在においては、深夜であっても、速やかな令状審査がなされている現況にあるため、本決定のような事案には接していない。

　もっとも、今後、本件のように深夜の請求に際し、仮に、裁判所から「翌朝まわし」の対応指示がなされたような場合、裁判所（当直の裁判所職員）に対し、本決定の趣旨を踏まえ、「直ちに」緊急逮捕令状を請求することが法の要件であることなどを申し立て、深夜であっても緊急逮捕令状請求を速やかに行うべきである。

⑶　勾留の必要性について

　刑訴法第60条[39]及び第207条[40]は、被疑者の勾留の根拠規定である。

　本決定において、裁判所は、勾留要件（第60条第1項各号要件）に該当する事由の有無（Xが勾留理由に該当するか否か）について、次のように判示している。この判示内容は、捜査実務において、捜査幹部（司法警察員）が被疑者を証拠物とともに送致する際に、

---

[39]　第60条第1項
　　裁判所は、被告人が罪を犯したことを疑うに足りる相当な理由がある場合で、左の各号の一にあたるときは、これを勾留することができる。
一　被告人が定まった住居を有しないとき。
二　被告人が罪証を隠滅すると疑うに足りる相当な理由があるとき。
三　被告人が逃亡し又は逃亡すると疑うに足りる相当な理由があるとき。

「留置の必要があると思料するとき」（第203条第1項）に、『勾留の必要性に関する捜査報告書』を作成し、添付する際に、極めて参考となる。

「被疑者は、昭和45年4月25日に京都刑務所を出所して、肩書住居である京都感化保護院に居住していたのであるから、定まった住居を有しないとは認められない。

また、本件の罪質および犯行の動機、態様並びに供述の経緯等に鑑みると、被疑者が本件関係人に働きかけるなどして、罪証を隠滅すると疑うに足りる理由がないとはいえないが、本件犯行の外形的事実等に関する証拠は、概ね蒐集されていることなどに照らして考察すると、被疑者が本件の罪証を隠滅すると疑うに足りる相当な理由があるとまでは認められない。

しかし、被疑者は、刑務所から出所後間もなく本件犯行を犯し、前記感化保護院に居住している者であって、無職、単身であり、大半の粗暴犯を含む前科15犯を重ねていることや、本件罪質等を合わせ考えると、被疑者は逃亡すると疑うに足りる相当な理由があるものと認められ、かつ被疑者を勾留する必要も存するものといわなければならない。」

つまり、上記判示の後段において、Ｘが第60条第1項各号に該当し、勾留理由の必要性があることを具体的に言及しており、「勾留の必要性に関する捜査報告書」の作成上の着眼点に資するものといえよう。

2　大阪高裁昭和50年11月19日判決・判例時報813巻102頁

判決要旨

> 緊急逮捕したが、逮捕後に被疑者を立ち会わせて実況見分を行い、さらに取調べを行うなどしたことにより、逮捕から6時間余を経て緊急逮捕状を請求した場合につき、明らかに緊急逮捕につき「直ちに」の要件を欠いたもので、その違法は重大であるとして、逮捕後勾留までの取調べにかかる供述調書の証拠能力を否定した（もっとも、勾留裁判は適法になされており勾留状が発付された後の勾留中の供述調書の証拠としての許容性を認めた。）。

---

(40)　第207条第1項
　　　前3条の規定による勾留の請求を受けた裁判官は、その処分に関し裁判所又は裁判長と同一の権限を有する。但し、保釈については、この限りでない。
　　　なお、前3条の規定による勾留の請求とは、
　　　　・第204条（検察官の手続・勾留請求の時間の制限）
　　　　・第205条（司法警察員から送致を受けた検察官の手続・勾留請求の時間の制限）
　　　　・第206条（制限時間の不遵守と免責）
　　　である

•••••••••••••••••••••••••••••••• **事案の概要** ••••••••••••••••••••••••••••••••

① 被疑者Ｘ（以下「Ｘ」という。）は、昭和48年４月21日午前６時過ぎ頃、神戸市竜野市内で本件火災が発生した直後頃に現場付近から逃げて行くところを目撃されており、この逃走した男がＸらしいと知った捜査員においてその行方を探索中、同日午前11時18分頃同市内において、手配の年齢、風体に酷似する挙動不審者に出会った兵庫県竜野警察署司法巡査Ａら２名が職務質問したところ、Ｘであるため、竜野警察署に任意同行した上、その事実を問いただしたところ、現場の２階のわらに火をつけた等と自供した。

② そこで、関係者による面割りその他から同人の犯行に間違いないと思料されたので、同日午後１時20分頃、同巡査らは竜野警察署において、Ｘを非現住建造物放火の疑いで緊急逮捕した。逮捕後の午後１時25分頃、同巡査らは、Ｘを同署の司法警察員に引致した。Ｘの引致を受けた司法警察員において、直ちに犯罪事実の要旨及び弁護人を選任することができる旨を告げた上、Ｘに弁解の機会を与えて弁解録取書を作成した。

③ しかし、直ちに裁判官の逮捕状を求める手続は行われず、捜査員（司法警察員）は、同日午後２時から午後２時30分までの間、Ｘを被疑者として立ち会わせて火災現場の実況見分を行い、さらに同警察署に連れ帰ったＸを同署で取り調べて供述調書を作成するなどして、この供述調書等を疎明資料として、同日午後８時に竜野簡易裁判所裁判官に緊急逮捕状の請求がなされた。

④ その後、同日中に緊急逮捕状が発付された。同月23日午前９時30分、Ｘを神戸地方検察庁姫路支部の検察官に送致する手続をし、検察官の勾留請求に基づき、Ｘは勾留された後、起訴された。

======== **裁判所の判断** ========

「憲法33条は、現行犯として逮捕される場合を除いては、何人も権限を有する司法官憲（具体的には裁判官）が発した逮捕令状によらなければ逮捕されないことを保障している。本件の逮捕は現行犯人逮捕にはあたらず、刑事訴訟法が規定する緊急逮捕の案件である。緊急逮捕は、現実の逮捕の時点ではまだ逮捕状が存しないが、刑事訴訟法210条１項の規定するところに従い逮捕後『直ちに』逮捕状を求める手続をし、逮捕に接着した時期において逮捕状が発せられることにより、全体として逮捕状にもとづく逮捕手続であるとの観察を受け、ここにはじめて右憲法の規定上是認されるものとなるのである。本件においては、前記したところによれば時間的関係等においてすでにこの『直ちに』の要件が欠けていることが明らかであるから、警察官は現行犯人でない被告人を逮捕状によらずして逮捕し拘禁したことになり、その違法性は重大である。その後逮捕状が発せられるには至って

いるが、性質上、このことにより逮捕状にもとづく逮捕、拘禁であると観察し直すことはできない。

ところで、憲法およびこれにもとづく刑事訴訟法は、このように現行犯人にはあたらない被疑者を逮捕状によらずして逮捕拘禁し、その拘禁状態の中で被疑者の取調べを行い、これによって得られた供述をその者の有罪認定の資料に供することなどはまったく予想しておらず、むしろ刑事訴訟手続における内在的な制約としてかかることを排斥する（許容しない）趣旨であると理解することができる。

そして、憲法31条の趣旨に照らすとき、かかる違法な逮捕拘禁状態中における取調べによって得られた供述およびこれを録取した供述調書は、その収集過程に違法があるものとして当該被疑者の有罪認定の証拠に供することは許されず、少なくともこのような意味において証拠能力がないものと解するのが相当である。

したがって、原審において取調べられ、原判決が被告人の有罪認定の証拠として挙示する、被告人の司法警察員に対する昭和48年4月21日付供述調書（それが逮捕後勾留までの取調べによって作成されたものであることは証拠上明らかである）には証拠能力がなく、これに反する原判決にはこの点で訴訟手続の法令違反があるといわなければならない。

所論の各自供調書（原審で取調べられ、原判決が有罪認定の証拠として挙示する、被告人の検察官および司法警察員（5通）に対する各供述調書）のうち、その余のものはいずれも逮捕に続く勾留中の取調べにかかるものである。かかる勾留中の取調べにかかる供述（供述調書）の証拠能力については、なお別異の考察を必要とする。」

大阪高裁昭和50年11月19日判決の検討・評価

(1) 警察留置（逮捕後勾留まで）になされたXに係る被疑者供述調書を有罪認定の証拠たりうるか（実務上の教訓）

犯行当日である4月21日に録取したXの供述調書は、緊急逮捕後は「直ちに」逮捕状を求めることをせずに（午後1時20分に緊急逮捕し、6時間40分後の午後8時に令状請求）、その間に録取されたものであるため（判決文からすると、裁判所は、被疑者の取調べのために令状請求が遅延したのではないかと認定したものと推測される。）、本判決は、その間の「逮捕拘禁状態中における取調べによって得られた供述およびこれを録取した供述調書は、その収集過程に違法があるものとして当該被疑者の有罪認定の証拠に供することは許されず、少なくともこのような意味において証拠能力がないものと解するのが相当である。」として、証拠採用しなかった。

本件事案の教訓として、緊急逮捕後、令状請求に際して、特段の遅延事由となる事情もないのに「直ちに」裁判官の審査を求める手続をせず、専ら取調べ等のために逮捕から6

時間40分後に令状請求に及んだことに、裁判所は、その間における身柄拘束状況につき、現行犯人でないＸを逮捕状によらず対し拘禁したもので、その違法は重大として、その間に得られた供述調書の証拠能力を排斥したものである。したがって、「嫌疑の充分な理由」に絞り、疎明することに注力すべきである。

　これに対し、勾留中に得られたＸに係る被疑者供述調書については、(2)以下の判断枠組み（論理構成）のもとで、勾留中に得られた被疑者供述調書の証拠としての許容性を認めたものである。

(2)　勾留中に得られた被疑者供述調書の証拠としての許容性を認めた理由

　1)　判断枠組み（論理構成）

　　本判決は、Ｘの逮捕後、勾留までの期間（Ｘを送致までの警察留置）に得られた被疑者供述調書の証拠能力を排除する一方、勾留中に得られた被疑者供述調書の証拠能力を認めたが、いかなる判断枠組み（論理構成）を採用したのであろうか。

　　その判断枠組み（論理構成）は、捜査の端緒となる緊急逮捕に関し、捜査員にとっても必ず理解しておかなければならない内容を含んだ、優れて説得的なものであることから、ここで併せて紹介する。

　　「起訴前の被疑者の勾留は適法な逮捕状態を前提にしてはじめて許される（逮捕前置主義）。すなわち、捜査官憲は、違法な逮捕状態を前提にしては被疑者の勾留請求権がないのが原則であり、かかる勾留請求を受けた裁判官は、原則として勾留の請求を却下して被疑者の釈放を命じなければならず、その点の判断を誤って勾留状が発せられたとしても、起訴前の段階にある限り、原則として準抗告により取消される。

　　本件は、現行犯人にはあたらない被告人を逮捕状によらずして逮捕拘禁していることになるのであるから、その違法性の程度は大きく、少なくともこれを前提とする勾留の請求は却下されなければならなかったのであり、この点の判断を誤った勾留の裁判は、起訴前の段階にある限り準抗告によって取消を免れ得ない命運にあったものとみることができる。かかる意味で被告人に対してとられた勾留の裁判は違法であり、その限度においてその勾留状による起訴前の拘禁状態は不適法なものであったということを妨げない。

　　しかし、勾留請求の前提となる逮捕状態の違法の有無およびその程度の大小は、必ずしもその逮捕に続く勾留中の被疑者取調による供述獲得過程（証拠収集過程）の違法の有無、大小とは軌を一にしない。なぜならば、そこには、憲法および刑事訴訟法上捜査官憲とは別個独自の使命、職責と権能を有する裁判官が、逮捕手続における違法の有無を審査するとともに、将来に向って被疑者の身柄拘束を続けるか否かを審査したうえでこれを許容することを宣明した勾留の裁判が介在しているのであり、たと

えその勾留の裁判における判断に誤りがあったとしても、勾留状そのものは有効であり、その後の拘禁はこの勾留状にもとづくものになるからである。そして、その勾留の裁判における勾留状の発付が憲法、刑事訴訟法の解釈、運用の実情に照らし、適正な判断基準を大きく逸脱している場合、あるいは、請求者側が逮捕状態の違法性の判断を誤らしめるような虚偽の申述をなしもしくは虚偽の資料を提供し、あるいは右判断に資するべき事項について申述を隠秘しもしくはその種の資料を隠秘するなどして裁判官の右判断を誤らしめるような場合でない限り、たとえ捜査官憲が自らの手で違法な逮捕拘禁の状態を惹起させていたとしても、勾留状が発付された後は、勾留の裁判は適法になされているものとの推定のもとにこれを信頼し、その勾留状による拘禁を前提にしてその後の被疑者の取調べ等を行うことを強く非難することは相当でなく、このようにして被疑者を取調べ、これによって得られた供述（供述調書）を当該被疑事実につきその者を有罪に認定する証拠として提出すること自体をもって訴追側がクリーンハンドに反しているとまでは言い難いものがある。むしろ、このような場合においてなおも右供述（供述調書）の獲得過程に違法があるものとしてこれを理由にその証拠としての許容性を排斥することは、かかる方途によって捜査官憲による違法な証拠収集を抑圧しようとする目的の範囲を超えるとともに、手続の発展的性格を無視することにもなるのである。

　したがって、前記のごとく勾留状が適正な判断基準を大きく逸脱して発布^{ママ}せられた場合や、請求者側に不正のあった場合でない限り、違法な逮捕状態に続く勾留の場合であっても、勾留状にもとづく拘禁中の被疑者の取調べによって得られた供述（供述調書）をその者の有罪認定の証拠に供することの許容性を、逮捕の違法を理由にして排斥し、その証拠能力を否定することは相当でなく、このように解しても憲法31条の精神である適正手続条項に背反しないと考える。」

2）　上記判断枠組みを本件事案に適用

ア　勾留裁判の性格

　　勾留裁判は、捜査機関とは「別個独自の使命、職責と権能を有する裁判官が、逮捕手続における違法の有無を審査するとともに、将来に向って被疑者の身柄拘束を続けるか否かを審査」するものであり、その勾留裁判が介在するのであるから、「たとえその勾留の裁判における判断に誤りがあったとしても、勾留状そのものは有効であり、その後の拘禁はこの勾留状にもとづくものになる」。

　　したがって、勾留裁判における「勾留状の発付が憲法、刑事訴訟法の解釈、運用の実情に照らし、適正な判断基準を大きく逸脱している場合、あるいは、請求者側が逮捕状態の違法性の判断を誤らしめるような虚偽の申述をなしもしくは虚偽の資

　料を提供し、あるいは右判断に資するべき事項について申述を隠秘しもしくはその種の資料を隠秘するなどして裁判官の右判断を誤らしめたような場合でない限り、たとえ捜査官憲が自らの手で違法な逮捕拘禁の状態を惹起させていたとしても、勾留状が発付された後は、勾留の裁判は適法になされているものとの推定のもとにこれを信頼し」得るものである。

　したがって、「その勾留状による拘禁を前提にしてその後の被疑者の取調べ等を行うことを強く非難することは相当でなく、このようにして被疑者を取調べ、これによって得られた供述（供述調書）を当該被疑事実につきその者を有罪に認定する証拠として提出すること自体をもって訴追側がクリーンハンドに反しているとまでは言い難いものがある。むしろ、このような場合においてなおも右供述（供述調書）の獲得過程に違法があるものとしてこれを理由にその証拠としての許容性を排斥することは、かかる方途によって捜査官憲による違法な証拠収集を抑圧しようとする目的の範囲を超えるとともに、手続の発展的性格を無視することにもなるのである。」

　それゆえ、「勾留状が適正な判断基準を大きく逸脱して発布（ママ）せられた場合や、請求者側に不正のあった場合でない限り、違法な逮捕状態に続く勾留の場合であっても、勾留状にもとづく拘禁中の被疑者の取調べによって得られた供述（供述調書）をその者の有罪認定の証拠に供することの許容性を、逮捕の違法を理由にして排斥し、その証拠能力を否定することは相当でなく、このように解しても憲法31条の精神である適正手続条項に背反しないと考える」。

イ　本事案に適用

　裁判官が勾留状の発付に当たり、「適正な判断基準を大きく逸脱している場合にあたるとはいえないし、『直ちに』裁判官の逮捕状を求める手続がなされているか否かの適正な判断は、その時間的関係等だけからしてすでに裁判官にとって十分に可能であり」、請求者側（検察官）に「不正があったとも認められない」から、勾留中の取調べにかかる「各供述調書の証拠能力の有無は、本来の意味での任意性の観点からのみ論じ得るに過ぎない」ため、「4月21日付供述調書（筆者注：逮捕当日に録取）を除く原判決挙示の各証拠によって優にこれを認定することができる。」

+α プラス・アルファ

【逮捕の違法性が勾留に影響を及ぼすかどうかの視点（学説）】
　逮捕の違法性が勾留に影響を及ぼすかどうかについて、川出敏裕教授[41]は、「逮捕の違法性が勾

留に影響を及ぼすことを認めるとしても、逮捕に軽微な瑕疵があるにすぎないような場合にまで勾留をいっさい認めず、被疑者の身柄を拘束した状態での捜査を否定するのは、捜査による事実解明を過度に阻害するため妥当ではないと考えられる。また、勾留段階で逮捕の適法性を審査し、それによって将来の違法捜査を抑止するという観点から考えても、逮捕が違法であったことを宣言することで十分であり、勾留請求を認めないとする必要まではないという場合もありうるのである。」、「問題は、そうだとして、逮捕にどの程度の違法があれば勾留が認められなくなるかといえるかである。それについて、すべての事例にあてはまるような一義的な基準を設けることは困難であり、逮捕が違法とされる類型ごとに考えるしかない。」と説いている。

　この点について、本判決が判示した上記判断枠組み（論理構成）は、一つの指標になるものといえる。

3　広島高裁昭和58年 2 月 1 日判決・判例時報1093号151頁

判決要旨

　対立する過激派学生集団同士による傷害事件の被疑者 3 名を緊急逮捕し、逮捕状の請求まで約 6 時間を経過したとしても、被害者、被疑者ともに捜査に協力していないなど本件事情の下では、被疑事実内容、犯人特定のための捜査のため必要最少限度の疎明資料の収集・整理に要した必要やむを得ないものといえるから、本件令状請求が「直ちに」なされなかったとみることができない。

················· **事案の概要** ·················

① 昭和50年 8 月21日午前10時過ぎ頃、傷害事件が発生し、目撃者により犯人は若い男 3 名であること及び通報によって犯行現場付近の警察官派出所にかけつけた下関警察署警備課長により、同派出所に運び込まれていた被害者が所謂革マル派に所属する S 大学学生であることが判明し、それまでの革マル派と所謂中核派の対立の情況などから、両派の内ゲバ事件と断定された。

② 下関警察署は、内偵捜査によって、本件逮捕現場である下関市所在の一戸建てバンガロー風建物が中核派の利用している場所であることを探知し、かねてより同建物に向かい合わせた同様の建物一戸を借り受け、警察官を派遣してその動静を視察していたところ、前記傷害事件発生後の午前10時35分頃に被疑者 X（以下「X」という。）、被疑者 Y（以下「Y」という。）が、午前10時39分頃に被疑者 Z（以下「Z」という。）が、いずれも人目をはばかるようにして同建物に入るのを視察中の警察官が目撃したので、その旨下関警察署に連絡し、X らが前記傷害事件に関与した疑いがあるとの判断のもとに、

⑷　『判例講座　刑事訴訟法［捜査・証拠編］』（立花書房、平成28年）77頁。

同日午前12時頃には約30名の警察官が同建物付近に派遣されて監視した。

③　その後、同日午後3時頃までの間、下関警察署警備課長らによって、Xらに対し繰り返し建物から出るよう説得がなされたが、Xらはこれを無視し、建物内部においてメモを焼却したり、小さく裂いて飲み込むなどの行動をしていた。

④　一方、本件傷害事件発生現場付近の捜査によって、本件犯行を目撃したI、逃走中の犯人を目撃して中途まで追尾したN及びTらの証人の存在が判明し、同日午後3時頃、警察官の要請によって、これらの証人が犯人確認のため同建物付近に到着し、建物の西側又は北側の窓からXらを見た結果、I及びTは被疑者Xを、Nは被疑者X及び被疑者Zを、それぞれ犯人であると確認したので、同日午後4時25分から27分にかけて、Xら3名及び同室していた女性をいずれも共謀による傷害犯人として緊急逮捕し、同日午後5時10分頃下関警察署に連行した上、同日午後10時20分頃、緊急逮捕状の請求をし、同日中に緊急逮捕状が発せられた。

裁判所の判断

「右事実関係、殊に、本件犯行当時の目撃者によって被告人Xと同Zが犯人であることが確認され、被告人Yも同建物に入るときから他の被告人と同様の行動にでていることなどに徴すれば、本件緊急逮捕時において被告人3名につき『罪を犯したことを疑うに足りる充分な理由』があったものと認められ、緊急逮捕前の建物内における被告人3名の行動、殊に、罪証隠滅行為に徴すれば、『急速を要し、裁判官の逮捕状を求めることができないとき』に当るといわざるを得ない。

そして、被告人3名を逮捕してから逮捕状請求に至るまでに、約6時間が経過していることは所論指摘のとおりであるが、記録及び原審で取調べた証拠によって明らかな如く、本件においては、被告人3名はもとより、被害者も捜査に協力していないのであるから、被疑事実の内容、犯人特定のための前記目撃者らの供述証拠の作成など、裁判所が緊急逮捕の要件の存否を判断するのに必要な最少限度の疎明資料を収集し整理するために時間を要したとみられるのであって、これを考慮するときは、前記6時間の経過も本件においては必要かつやむを得ないものというべく、本件の令状請求が『直ちに』なされなかったとして違法とみることはできない。……次に、所論が、緊急逮捕令状の請求が『直ちに』なされなかったために緊急逮捕が違法とされた事例として引用する判例（大阪高等裁判所昭和50年11月19日言渡）は、本件と事案を異にし、適切でない。」

広島高裁昭和58年2月1日判決の検討・評価

本判決は、所謂、革マル派と中核派の対立に起因して発生した傷害事件につき、目撃者

の協力を得て、Xら3名を特定し緊急逮捕した後、当該令状請求に約6時間要した事案について、弁護人において、本件逮捕が、いずれも、Xらが「罪を犯したことを疑うに足りる充分な理由及び急速を要し、裁判官の逮捕状を求めることができないとき」との要件を欠く上、「直ちに」令状請求がなされたものとはいえないとした控訴理由に対し、各要件について明確に応えたものである。

⑴　罪を犯したことを疑うに足りる充分な理由が存したか否かの具体的判断

特に、昭和40年代及び50年代においては、過激派学生間の内ゲバが多発した時期であり（なお、最高裁判例[42]に登場した事案として、和光大学で発生した内ゲバ事件（凶器準備集合、傷害）があり、準現行犯逮捕及び逮捕の現場の捜索差押の適否の問題）、本件事案も対立セクト間の内ゲバ事件である。

さて、「事案の概要」に紹介したとおり、かねてから動静を視察中の捜査員は、Xらが事件直後の午後10時35分過ぎ頃に、人目をはばかるようにして同署管内にある、（いわゆるアジトとして利用していたと思われる）一戸建バンガロー風建物に入るのを目撃したため、同建物から出るよう繰り返し説得したが、これを無視したばかりか、建物内部において、メモを焼却したり、小さく裂いて飲み込むなどの行動をしていた。

他方、本件事件現場付近の捜査によって、本件犯行を目撃したIは、被害者に対する傷害現場から近接した場所で、叫び声を聞いて犯行に気付いたときから犯人らが逃走するまで終始目撃しており、殊に、Xを目撃した状況は、逃げる直前に背が高い男が、覆面を脱いだのでその顔をはっきり見ており、捜査員からの要請で、一戸建バンガロー風建物の外側から室内にいた人物として、Xと特定・識別している。

また、N及びTは、店舗前に清掃車を停めて作業中、叫び声を聞き、その直後に走って逃げる男たちを追跡したところ、男たちは振り返り、振り返りしていたので、その顔を現認していた。一人は背が高い男で鼻が高く、一人は髪にパーマがかかっていた。N及びTも、捜査員からの要請で、一戸建バンガロー風建物の外側から室内にいた人物として、X及びYと特定・識別している（なお、他の目撃者によっても、Xらの人定が特定・識別されている。）。

このように目撃証人が存在したことから、本判決において「本件犯行当時の目撃者によって被告人Xと同Zが犯人であることが確認され、被告人Yも同建物に入るときから他の被告人と同様の行動に出ていることなどに徴すれば、本件緊急逮捕時において被告人3名につき『罪を犯したことを疑うに足りる充分な理由』があった」ものと判断された。

---

[42]　最高裁平成8年1月29日第三小法廷決定・刑集50巻1号1頁。

⑵　**急速を要し、裁判官の逮捕状を求めることができなかったといえるかの判断**

　この点については、緊急逮捕前の建物内におけるＸら３名の行動、つまり、事案の概要の「③　同日午後３時頃までの間、下関警察署警備課長らによって、Ｘらに対し繰り返し建物から出るよう説得がなされたが、Ｘらはこれを無視し、建物内部においてメモを焼却したり、小さく裂いて飲み込むなどの行動をしていたこと」について、本判決は、「殊に、罪証隠滅行為に徴すれば、『急速を要し、裁判官の逮捕状を求めることができないとき』に当るといわざるを得ない。」と判断された。

⑶　**緊急逮捕の６時間後になされた令状請求をどのように評価するか**

　Ｘらに対し傷害罪で緊急逮捕し、裁判所への当該令状請求が逮捕後約６時間を経過した後になされたため、法の要求する「直ちに」といえるかが問題とされた。

　つまり、Ｘらを、目撃者（Ｉ、Ｎ及びＴ）の協力を得て、面通しにより被疑者と確認・特定し、午後４時25分から27分にかけて共謀による傷害犯人として緊急逮捕し（犯行時間は午前10時頃）、午後５時10分頃下関警察署に連行した上、午後10時20分頃、緊急逮捕状の請求をし、同日中に緊急逮捕状が発せられた。

　この点につき、弁護人は、Ｘら３名は一戸建バンガロー風建物内において、「警察官に包囲されて逃走不可能な状態にあったうえ、本件傷害事件発生現場における捜査によって警察には目撃者の存在がいち早く判明していたのであるから、通常逮捕の令状を請求することが可能であった」旨の主張した。

　これに対し、本判決は、「被告人３名を逮捕してから逮捕状請求に至るまでに、約６時間が経過していることは所論指摘のとおりであるが、記録及び原審で取調べた証拠によって明らかな如く、本件においては、被告人３名はもとより、被害者も捜査に協力していないのであるから、被疑事実の内容、犯人特定のための前記目撃者らの供述証拠の作成など、裁判所が緊急逮捕の要件の存否を判断するのに必要な最少限度の疎明資料を収集し整理するために時間を要したとみられるのであって、これを考慮するときは、前記６時間の経過も本件においては必要かつやむを得ないものというべく、本件の令状請求が『直ちに』なされなかったとして違法とみることはできない。」と判示した。

　加えて、本判決は、目撃「証人Ｉについては当初被告人らの写真によって犯人を特定しようとしたが、写真が不明瞭であったことなどから逮捕現場で直接確認することとなったもの、同Ｎ、同Ｔはいずれも下関市役所環境部清掃業務課に所属する作業員で、本件犯人を目撃後も清掃作業に従事していて、同日午後、作業事務所に帰ったときに警察官から犯人確認の依頼を受けて逮捕現場に赴いたもので、右確認が午後３時ころになったことについては首肯し得る事情があり、右確認ののち逮捕するまでの間に通常逮捕の令状を請求する余裕がなかったことは前記認定の事実関係に徴してみても明らかである。」として、通

常逮捕の可否についても言及している。

　ところで、本判決の特筆すべき点は、弁護人が、逮捕後約6時間を経て緊急逮捕令状請求を違法とした前掲2の「大阪高裁昭和50年11月19日判決」[43]を引用し、本件の緊急逮捕令状請求も6時間後になされており違法であるとの主張に対し、「所論が、緊急逮捕令状の請求が『直ちに』なされなかったために緊急逮捕が違法とされた事例として引用する判例（大阪高等裁判所昭和50年11月19日言渡）は、本件と事案を異にし、適切でない。」と判示したことからも、裁判所（裁判官）が令状審査に当たり、各事案の性質、態様等を踏まえ、そのような理解のもとで判断したものといえよう。

　本判決のこの指摘は、本事案と「大阪高裁昭和50年11月19日判決」の事案を対比しても、その捜査手続において、全く内容を異にしており、首肯できる判決である。

　緊急逮捕後に、当該令状請求に至るまでの時間につき、刑訴法第210条第1項の「直ちに」の理解につき、被疑者が「罪を犯したことを疑うに足りる充分な理由」を疎明するために、事案に即した（本件にあっては、内ゲバ事件で被疑者3名、被害者も捜査に協力していないなど）疎明資料準備のために必要かつ、やむを得ない時間を要することが許容されるとしており、異論のないところといってよい。もっとも、当該令状請求の捜査実務において、緊急逮捕後、概ね3時間程度で令状請求することが通例とされている。

　しかし、本件のように共犯者が複数に及んでいるなどにより、令状請求準備が5、6時間に及ぶような場合にあっては、当該事案の性質、態様等からやむなくそのような時間を所要せざるを得なかったことを緊急逮捕令状請求のための疎明資料（捜査報告書等）にて触れ、裁判所（裁判官）に理解を求める配慮が大切であるといえる。

　このようなことから本判決は、緊急逮捕の令状請求に際して、実務上も重要な意義を有する判決である。

　かかる視点から、是非とも前掲2・大阪高裁昭和50年11月19日判決の事案と対比し、より理解を深め令状請求に際しては、特に留意していただきたいと思う。

---

[43]　判例時報813巻102頁。緊急逮捕したが、逮捕後に被疑者を立ち会わせて実況見分を行い、さらに取調べを行うなどしたことにより、逮捕から6時間余を経て緊急逮捕状を請求した場合につき、「憲法33条は、現行犯として逮捕される場合を除いては、何人も権限を有する司法官憲（具体的には裁判官）が発した逮捕令状によらなければ逮捕されないことを保障している。本件の逮捕は現行犯人逮捕にはあたらず、刑事訴訟法が規定する緊急逮捕の案件である。緊急逮捕は、現実の逮捕の時点ではまだ逮捕状が存しないが、刑事訴訟法210条1項の規定するところに従い逮捕後『直ちに』逮捕状を求める手続をし、逮捕に接着した時期において逮捕状が発せられることにより、全体として逮捕状にもとづく逮捕手続であるとの観察を受け、ここにはじめて右憲法の規定上是認されるものとなるのである。本件においては、前記したところによれば時間的関係等においてすでにこの『直ちに』の要件が欠けていることが明らかであるから、警察官は現行犯人でない被告人を逮捕状によらずして逮捕し拘禁したことになり、その違法性は重大である。その後逮捕状が発せられるには至っているが、性質上、このことにより逮捕状にもとづく逮捕、拘禁であると観察し直すことはできない。」と認定した。